KB253469

대공황 시대

차례
Contents

03 대공황의 경제학 21 극단의 정치적 실험 43 서유럽 자유주의의 역사와 몰락 61 전간기(interwar period, 1914~1945)의 예술: 모더니즘 86 대공황 시대의 유산

대공황의 경제학

　　자본주의 경제에서 호황과 불황이 반복되는 경기순환 현상은 정상적이다. 하지만 불황의 골이 너무 깊고, 넓게, 오래 지속되면 자본주의 존속여부 자체에 회의가 생긴다. 또한 그 과정에서 많은 문제를 낳는다. 1930년대에 전 세계를 강타한 대공황이 바로 그랬다.

　　일반인에게 대공황은 실업이 만연함을 뜻한다. 1930년대 내내 선진공업국들의 제조업 실업률은 15% 이상이었다. 그 가운데서도 특히 미국은 1930년대 제조업 평균 실업률이 26%가 넘었다. 1929~1933년에 선진공업국 가운데 산업생산지수의 하락폭이 가장 큰 나라가 미국으로 62%였다. 다음으로 캐나다, 독일, 체코 등이 50%였다. 어떻게 이런 일이 일어났을까?

전후문제를 잘못 처리하여 대공황 유발

1930년대 대공황은 제1차 세계대전(이하 '1차 대전')과 1920년대를 거치면서 경제구조의 불안정성이 커진 가운데서 시작된다. 일찍이 영국 수상 처칠(Winston Churchill, 1874~1965)은 1차 대전과 제2차 세계대전(이하 '2차 대전')을 하나로 묶어 "유럽에서 일어난 제2차 30년 전쟁"이라 이름붙인 바 있다. 두 전쟁 사이의 평화 기간에도 러시아 혁명, 스페인 내전 등 사실상 국제적인 성격을 띤 전쟁이 있어서 그 기간이 평화의 시기도 아니었다. 또한 1차 대전과 대공황이 밀접한 관계가 있으며, 이것이 결국 2차 대전을 야기했다. 따라서 1차 대전과 2차 대전을 별개의 두 전쟁이 아닌, 한 차례의 30년 전쟁으로 볼 수 있다는 것이다.

총력전

1차 대전은 유럽 총 인구의 2%가 참전하여 오랜 기간 엄청난 파국을 초래한 총력전이었다. 그것은 19세기와 20세기의 진정한 분수령이 되었다. 19세기 말에는 국제경제면에서 금본위제[1]를 근간으로 한 국제지불체계가 작동했다. 런던은 그 중심이었고 주요 나라의 중앙은행들은 서로 협력했다. 생산요소는 국제적으로 거의 완전히 자유롭게 이동했다. 즉, 1차 세계화[2]가 확산되는 시기였다. 1차 대전 이전, 평시경제에서 국가의 역할은 제한적이었다. 전체 재정 수입과 지출이 GDP의 15%를 넘는 경우가 거의 없었다.

1차 대전은 단기전으로 끝나지 않았다. 예를 들어 영국의 군비지출이 1913년 GDP의 4%에서 1916~1917년에 38%로 급증하고, 정부의 총지출이 국민소득의 절반 가까이 되었다. 막대한 노동력이 군수산업 쪽으로 신속히 배치되었다. 이 엄청난 자원 재분배에 필요한 돈은 주로 차입이나 은행권 대량 인쇄 방식으로 조달되었다.

강제적 산업 재편도 이루어졌다. 징집될 만한 거의 모든 성인남성은 전선으로 떠나고, 여성, 아동, 노인 노동력이 그 자리를 대신했다. 사회전체가 크게 변했다. 참호 속에서 전투하는 동안, 남자들은 전례 없던 다양한 대중선동에 노출되었다. 일부는 대중을 정치적으로 조직하는 방법을 습득했다. 전쟁이 끝난 후 대중운동의 실체를 무시하고 과거의 엘리트 정치로 복귀하는 것은 불가능해질 참이었다.

경제적, 사회적 혼란과 경직성

전쟁이 끝난 후 전쟁관련 인구와 산업생산설비를 '정상으로' 재배치해야 하는 문제가 생겼다. 하지만 전쟁 동안에 물가 불안이 심각해지고, 경제활동에 대한 정부개입이 커지면서 경제가 여러 면에서 경직되었다. 종전 후 맺어진 조약(베르사유 조약)에 따라 각국의 영토가 분할되었다. 그런데 경제적 고려를 무시한 채 '민족자결' 원칙에 입각하여 국경이 정해졌기 때문에 기존의 경제, 국제적 분업관계가 단절되고 새로운 무역장벽이 조성되었다.

전쟁 동안 교전국들이 농산물 생산을 중단하고 수입에 의존하면서, 미주 대륙과 호주 등 신세계에서 곡물농업, 목축의 생산과 수출이 급증했다. 전쟁이 끝나고 유럽이 농산물 생산을 재개하자 전 세계적으로 농산물이 과잉 생산됨에 따라 농산물 가격이 폭락했다. 전후 미국에서는 경제가 잠시 활황이었으나 이때조차 농업은 침체했고 농업지역의 은행들이 부실해졌다. 이를 겪는 농민의 어려움은 1920년대 미국에서도 사회문제가 되었다.

사회혼란도 전후의 주요 문제였다. 러시아 혁명(1917)의 여파와 함께, 전쟁 동안 참호 속의 생활을 함께 경험하고 난 노동계급의 조직, 힘, 단결력이 커져 전후 노동계급의 투쟁과 저항이 강력해졌다. 그리하여 국가마다 대응양식에 따라 사회민주주의 또는 파시즘 독재로 혼란을 겪었다. 어느 체제하에서건 노동시장의 경직성이 커졌으며 대부분 고임금과 실업으로 빠져드는 경향이 있었다.

베르사유 조약의 배상금 조항

전후문제 처리를 위해 베르사유 조약이 체결되었다. 이때 복수심에 불탄 연합국은 패전국 독일에 엄청난 규모의 배상금을 부과했다. 이것은 국제적으로 정치적 대립과 경제적 불화의 주요 원인이 되었다. 유달리 배상금에 집착한 나라는 프랑스였다. 프랑스는 미국과 영국에 대한 프랑스의 채무상환이 독일에 부과한 배상금과 연계되어야 한다고 주장했다. 이러한 프랑스의 주장은 서로 모순되었다. 만일 목표가 유럽경제 재건을 위한 국제연대라면, 협력이 성공하기 위해 교전국 모두가 그 부담을 분담해야 마땅하다. 목표가 정의라면 전쟁 채무는 채무국의 개별 책임으로 해야 한다. 채무를 배상금과 연계시킬 이유가 없었다.

케인스(John M. Keynes, 1883~1946)는 이 조약이 체결된 1919년에 「평화의 경제적 귀결(Economic Consequences of the Peace)」이란 글에서 배상금 규모를 맹비난했다. 케인스에 따르면, 1914년 이전에 유럽의 번영은 대부분 독일의 경제성장에 의존했으므로 독일을 경제적 장애자로 만드는 것은 현명한 처사가 아니었다. '독일에 천문학적 규모의 전쟁배상금을 부과한 조항이 경제대국인 독일의 경제를 몰락시키고 결국 주변 나라를 모두 가난에 빠뜨릴 것'이기 때문에 이 조약은 어리석은 것이었다.

여하튼 베르사유 조약에서 연합국이 독일에 부과한 배상금 조항과 이후 책정된 액수는 케인즈가 지적한 대로, 너무 커서 이행하기 어려웠다. 프랑스는 독일이 이를 고의적으로 이행하지 않는다고 단정하고 철, 석탄 등의 지하자원이 풍부하게 매장된 독일의 루르 지방을 점령했다. 독일 정부는 루르 지역 주민의 애국심을 자극하면서 소극적 저항을 하도록 주문했다. 프랑스는 그 지방을 점령했지만 배상금을 받아내지도 못하고 단지 독일의 경제만 마비시켜 버렸다.

전후 문제 처리에서 유럽 각국들은 근시안적이었다. 미국의 태도도 문제였다. 1차 대전의 전세가 연합국 쪽에 유리하게 된 데는 미국의 전쟁 개입이 결정적이었다. 그래서 미국의 정치적 비중은 상당히 컸다. 또한 무엇보다도 미국은 이후 세계의 지배적인 금융중심국이 되었다. 그런 상황에서 미국은 새로이 획득한 세계 지도국 지위에 걸맞은 책임을 적절히 지려 하지 않았다. 당시 미국지도자들은 자국의 장기적 이익에 부합하는 바를 이해하는 데 필요한 통찰력이 부족했다. 반면 영국은 국제적 최종대부자로서의 능력을 상실했는데도 자꾸 그 역할을 하려들어 국내외적으로 어려움을 가중시켰다.

초인플레이션

인플레이션도 문제였다. 예를 들어, 전쟁이 그렇게 길어질 것을 예상하지 못했던 각국은 전쟁 물자를 세금만으로 충당할 수 없어 돈을 찍어내기 시작했다. 가격상한제, 물가통제 등도 실시했다. 결국 동구권, 독일, 오스트리아 등을 중심으로 초인플레이션이 진행되었다.

특히 독일의 인플레이션이 가장 심했다. 1922년 8월부터 월 335%의 천문학적 비율로 도매물가가 올라 1923년 11월에 절정에 이르렀다. 경상수지적자 때문에 마르크화 가치가 떨어졌고 재정적자를 메우기 위해 통화를 증발할 수밖에 없어 결국 잠재되어 있던 인플레이션이 폭발했던 것이다. 1913년 물가수준을 100으로 할 때 1923년의 물가수준이 1,000,000,000,000이었다.(물론 전쟁배상금은 금마르크(gold mark)로 갚게 되어 있었기 때문에 이 인플레이션이 배상금에는 영향을 미치지 못한다.)

금융자산 형태의 부가 소멸했다. 사회 안정을 유지하던 독일 중산층의 월급과 저축이 사라졌다. 이들의 근검, 절약 가치관은 조롱당했다. 이들은 연합국 정부, 독일 정부, 대기업, 유태인, 노동자, 공산주의자를 자신들을 불행하게 한 장본인으로 지목하기 시작했다. 인플레이션은 1920년대 바이마르 민주주의를 붕괴시키고 히틀러(Adolf Hitler, 1889~1945)가 이끄는 국가사회주의(NAZI)가 출현하는 배경이 되었다.

독일의 유명한 작가 귄터 그라스(Günter Grass, 1927~2015)의 『양철북』에서 주인공 오스카는 "나는 일곱 살에 머무르겠다. 더 이상 성장하지 않겠다."고 선언한다. 그것은 성장하는 모든 것을 두려워하고 거부하는 발언이었다. 오스카의 이러한 발언과 다짐, 성장을 멈춘 인생을 살겠다는 의지를 드러내는 행동은 엄청난 초인플레이션을 경험한 당시 독일인들의 불안감을 극명하게 표현한 것으로서, 그라스는 이 작품으로 노벨문학상을 수상했다(1999).

연합국간 전시 대부체계와 이의 갑작스런 단절

고전적 금본위제는 이미 전쟁 초기에 희생되었다. 거의 모든 유럽의 중앙은행들이 일방적으로 금 지불을 중지했다. 대신 강대국들은 연합국간 대부를 근간으로 고유의 지불체계를 발전시켰다. 영국은 프랑스, 이탈리아, 벨기에 등의 연합국에게 자금을 빌려 주었다. 그것만으로는 모자라, 이후에는 미국이 이들에게 전시 대부를 제공했다.

이들 사이에서 환율은 (경제적이 아니라) 정치적으로 용인되는 수준에서 고정되었다. 필요한 물자는 대부분 채권국의 국내시장에서 조달되었다. 이러한 전시대부체계는 교전국 공통의 목표 달성을 위해 필요한 군수품 수입 수준을 유지하는 방안으로서 만들어진 것이었다. 이처럼 1차 대전을 치르면서 발생하는 외채(전시대부)가 주로 미국에서 영국을 거쳐 프랑스와 벨기에 등에 공급되다가, 전쟁이 끝나자 이 협력은 즉각 단절되었다.

이러한 연합국 간 대부체계의 단절도 국제경제에 큰 충격이었다. 미국의 금융지원이 중단되자 채무국들의 경제재건이 어려워졌다. 특히 프랑스가 전후복구와 전시채무 상환을 위해 독일에서 전쟁배상금을 받아내려 애썼다. 결국 이와 같은 대대적인 국제적 채권채무 관계는 미국이 대부를 다시 시작함으로써 일단 미봉되었으나 전후 국제경제 질서에 큰 불안요소였다. 2000년대의 글로벌 불균형(경상수지 흑자와 적자가 조정되지 않고 계속 누적되는 상황)도 이와 유사한 문제를 안고 있다. 미국은

50년 만에 세계 최대 채권국에서 최대 채무국으로 되었다.

금본위제로의 무리한 복귀와 그 파장

이러한 혼란 속에서 1925년을 전후하여 여러 나라의 통화제도가, 전시와 전후 인플레이션 기간에 포기되었던 금본위제로 복귀한다. 하지만 일단 통화안정이 달성되자 다른 문제들이 나타났다. 즉, 금본위제로 돌아가면서 각국은 자국의 통화가치를 정할 때 상호조정 없이 독자적으로 결정했는데, 이 때문에 각국의 통화가치가 상대적으로 과대, 혹은 과소평가되는 문제가 발생했던 것이다.

이로 인해 통화를 상대적으로 과대평가한 나라는 통화가치 유지를 위해 긴축정책을 써야 했다. 영국이 대표적 예다. 영국은 지난 시절(19세기) 화려했던 국제적 위신만을 생각하여 경제적 근거도 없이 파운드화 가치를 전쟁 이전 수준으로 높여 금본위제에 복귀했다. 고평가된 통화가치를 유지하려면 긴축정책을 써야 한다. 영국은 수출에 큰 타격을 입었고, 이자율은 치솟고, 공장들은 문을 닫았다. 그리하여 영국은 대공황이 발생하기 전부터 이미 실업이 엄청나게 늘었다.

금본위제에 복귀한 나라들이 채무국일 경우, 이들의 채무는 눈덩이처럼 불어났다. 배상금과 전시채무로 1924~1930년에 독일, 오스트리아, 이탈리아 등의 누적된 채무규모는 국민경제에 비해 엄청나게 컸다.

미국의 상대적 호황과 침체

  1920년대 미국은 유럽에 비해 상대적으로 호황이었다. 라디오, 포드T형 자동차 등이 대량생산으로 널리 보급되고 할리우드 영화산업3)도 급성장했다. 미국은 센세이셔널한 문화 충격에 점점 민감해져 갔다. 들뜬 분위기에서 토지와 주식투기 열풍도 일었다. 1920년대 말 미국에서 주식시장 붐이 일면서 미국에서 유럽으로 유입되는 자본 규모도 감소했다.

  시장과열을 우려한 중앙은행(FRB)이 긴축통화정책을 추진했다. 미국이 이자율을 급격히 인상하자 해외대부 유인이 더욱 줄었다. 이 때문인지, 자발적 자금도피 때문인지, 오스트리아, 독일 등 유럽 나라들의 은행이 예금인출과 파산으로 고통을 겪었다.

  유럽의 위기와 동시에 1930년 미국도 경기침체에 들어간다. 1928~1929년 미국의 긴축적 통화정책이 공황발발의 큰 요인이었다. 긴축정책과 함께 경기가 냉각되고 주식자금 신용대출이 격감했으며 전반적 기대가 하락하여 1929년 10월 주가가 폭락하였다. 그러나 1929년의 주식시장 붕괴가 대공황과 직결된다고 보기는 어렵다. 주식가치 하락으로 보유자산, 즉 부의 실질가치가 하락하여 소비지출 수요가 줄고 소비자의 부채자산 비율이 높아졌으며, 소비자의 장래에 대한 불확실성이 가중된 면을 생각할 수는 있다. 하지만 통계수치를 보면 부의 감소효과는 10% 미만이었고 주식가격과 배당수익의 비율(P/E)

은 불변이었다. 주가는 소득의 변동에 따라 등락하게 마련이다. 예를 들어 미국의 1987년 주가폭락을 보면 낙폭이 그 당시와 정확하게 같다. 요즘 같은 정보통신 시대의 위력을 감안할 때 1987년 사건의 충격이 오히려 더 클 수도 있었겠지만 이것이 세계적인 금융위기로 전파되지는 않았다. 따라서 대공황 초기의 주식시장 와해는 심리적 효과 이외의 별 의미가 없었다고 볼 수 있다.(CEA 의장 Romer는 심리효과를 강조한다.)

아직 진행 중인 논의이기는 하지만 1930년의 은행위기가 대공황을 촉발시켰다고 보기도 한다.(통화설) 은행위기는 어떤 메커니즘으로 공황을 초래할 수 있는가? 첫째, 은행들이 보수적으로 경영하고 은행을 믿지 못하는 소비자는 현금을 선호한다. 그래서 금융제도의 신용창조 기능이 떨어지고 통화량이 감소하고 금리가 높아져서 기업들이 피해를 본다는 것이다. 둘째, 전반적인 비관론이 만연할 경우다. 셋째, 금융 중개비용이 증대하여 경색현상이 벌어진다는 것이다.(FRB의장 Bernanke가 강조)

이에 대한 반론도 있다. 당시 물가수준으로 나눈 실질통화량은 줄지 않았으며, 또한 통화량 감소의 지표라고 볼 수 있는 이자율도 상승하지 않았다는 것이다. 이 밖에도 11월과 12월의 은행파산들은 테네시 주의 콜드웰(Caldwell) 은행과 뉴욕시의 뱅크 오브 유에스(Bank of US), 이 두 은행이 부실채권으로 파산했기 때문인데 이들의 부실채권을 두 달간의 총 은행부채에서 빼면, 1930년 말 은행위기는 1931년 여름과 가을의 은행위기와 비교도 되지 않을 정도로 작다는 것이다. 1931년, 1933년의 은행위기는 대공황의 원인이 아니라 과정이었다. 그렇다면 1929년 주식시장 붕괴와 1930년 은행위기는 대공황의 원인이었다기보다는 초기 징후였다고 할 수 있다. 기본적으로는 전후 구조적 문제에 대처하는 데 소홀한 채 각국이 너나 할 것 없이 긴축기조를 유지한 것이 대공황을 몰고 온 것이다.

대공황의 원인

이제 다시 1928~1929년 미국의 긴축정책을 살펴보자. 1920년대를 통틀어 미국과 프랑스는 대규모로 금과 외화를 유입했다. 즉, 대표적 흑자국이었다. 그런데 프랑스는 중앙은행법 때문에 금보유를 통화증발로 연결시키지 않았다. 게다가 이미 언급했듯이 미국은 증권투기 억제 등의 목표 때문에 긴축정책을 고수했다.

이렇게 대표적인 흑자국이 긴축하기 시작하면 적자국이 충격을 받는 것은 당연하다. 가장 먼저 피해를 본 채무국은 국제적 경쟁조건의 변화에 적응하지 못한다. 그 필연적 결과로 이들은 해외차입에 의존하면서 그들의 대외적 지위는 극도로 나빠졌다. 이렇듯 미국이 긴축정책으로 전환한 것이 사태를 더욱 악화시켰다.

일단 시작된 경기하강 국면이 왜 곧 반전되지 않고 그렇게 깊은 공황으로 빠져 들었는가? 첫째, 1931년 미국의 통화긴축 때문이다. 둘째, 국제적 금본위제를 지키기 위해 여러 나라가

동시다발적으로 긴축했기 때문이다. 셋째, 1931년 미국, 독일, 오스트리아에 은행위기, 영국에 외환위기가 있었다. 넷째, 긴축은 물가하락을 가져오고 이것이 실질금리, 실질임금 상승, 투자위축, 실업증가로 이어진다. 또한 물가가 하락하면 자산가치가 하락, 실질부채가 증가하고, 은행에 부실채권이 누적된다. 여기에 정보비대칭(은행이 차입자의, 예금자가 은행의, 재정상태를 잘 파악하지 못함)과 함께 역선택(신용불량자가 대부 신청을 더 많이 하게 되는 경향)이 추가되면 금융경색과 은행위기가 발생한다. 금융위기는 다양한 경로로 실물공황을 야기한다.

크레디트안쉬탈트 파산의 여파

위의 셋째 요인을 좀 더 자세히 살펴보자. 중부유럽 은행시스템의 붕괴는 1차 대전의 전후문제처리 과정에서 경제적 산업기반은 고려하지 않고 민족주의에 따라 국경을 분할한 부정적 효과의 대표적 예라 할 수 있다. 그 붕괴는 1929년 오스트리아 2위 은행 보덴크레디트안쉬탈트(Bodencreditanstalt)의 파산과 함께 시작되었다. 1920년대에 비엔나의 은행들은 본래 그들의 공업거래처인 체코슬로바키아와 완전히 단절되었다. 그래서 은행경영에 필요한 건전한 기반은 사라진 상태였다. 그런데도 오스트리아의 최대은행인 로스차일드의 크레디트안쉬탈트(Creditanstalt)는 마치 합스부르크 제국이 여전히 존재하고 있기라도 한 듯 방만한 경영을 지속하면서 수익성 없는 산업에만 집착하고 있었다. 게다가 부실한 보덴크레디트안쉬탈트를 정부압력을 받고 인수하기까지 했다. 결국 크레디트안쉬탈트도 파산했다.(1931.5.) 이 은행의 파산은 많은 국내외 다른 은행들에 대한 인출 쇄도, 오스트리아 쉴링에 대한 공격으로 파급되었다. 오스트리아 정부는 헛되이 금본위제를 지키고자 순식간에 외환준비금을 모두 소진하고 뒤늦게야 외환통제를 실시했다.

1931년 7월 독일 금융위기의 원인은 독일 내부에 있었다. 독일의 위기는 여러 면에서 1997년 아시아 위기와 유사한 쌍둥이 위기였다. 바이마르 공화국의 재정 문제가 통화 문제를 초래하고 이것이 은행의 문제를 초래했다. 1931년 바이마르 공화국의 재정은 심각한 불균형 상태로 미국, 프랑스에서의 차입에 의존하고 있었다. 그런데 독일 수상 브뤼닝(Heinrich Brüning, 1885~1970)이 오스트리아와의 관세동맹에 관한 옹호 발언을 하자 1차 대전 이후 잔존해온 국가 간 긴장이 다시 고조되었다. 독일로 들어오는 대부자금이 끊어지고 제국은행의 금준비가 급감했다. 독일의 정세불안을 우려한 국내자본의 해외도피도 이를 부추겼다.

파산한 어느 대기업에 막대한 자금을 투자했던 다나트 은행(Danat Bank) 등, 은행들은 제국은행에 도움을 요청했지만 은행들의 준비금을 화폐화할 제국은행 자산은 바닥이 났다. 차입도 불가능했다. 제국은행은 베를린 은행들의 어음을 더 이상 매입할 수 없었다. 제국은행은 국제차입을 시도했으나 여의치 않았다. 미국과 프랑스는 독일에 대해 서로 엇갈린 태도만 취했다. 즉 1930년대는 국제적 협력이 전혀 없었고 헤게모니적 지위를 가진 국제 최종대부자도 전혀 없었음이 명백히 드러나는 장면이었다.

독일은 결국 금본위제를 사실상 포기했다(1931.7.). 그런데도 브뤼닝은 독일이 여전히 금본위제에 묶여있기라도 한 듯, 긴축정책을 계속 유지했다. 브뤼닝은 독일이 배상금[4] 지불능력이 없음을 확실히 보여주고자 독일 경제를 황폐화시켰다. 독일의 민주주의도 파괴시켰다.

독일의 모라토리엄에 따라 독일내 외국인 자산이 동결되었다. 이를 깨달은 다른 나라도 외국인 자산을 동결하면서 많은 유럽 나라가 고통을 겪기 시작했다. 헝가리, 루마니아 등은 은행이 오스트리아 은행과 밀접히 연관되어 있어 고통이 특히 심했다.

프랑스의 은행들은 1920년대 말에 전반적으로 금융적 지위가 괜찮았지만 1931년 후반에는 상태가 악화되었다. 영국의 상업은행들은 지점구조가 튼튼했고 전통적으로 산업자본과의 연계에 신중했기 때문에 이 위기에서 별로 피해를 입지 않았다. 하지만 이것이 곧 파운드(스털링) 가치의 안정성으로 이어진 것은 아니었다. 독일이 외환통제로 돌아서자 영국 파운드는 압박을 받아 7월 이후 파운드 매각이 꾸준히 증가했다. 독일에 대한 파운드 자산이 동결된 후에 영국의 문제는 더욱 악화되었다.

영국은 1차 대전 비용 마련을 위해 금과 외화를 소진했는데도 전전 평가로 금본위제에 복귀했기 때문에 통화가 과대평가되었다. 또한 개발도상국에 대한 장기적 자본 수출국 역할을 유지하려 들어 영국경제의 취약성은 가중되었다. 자산에 비해 단기부채가 엄청나게 높아져 신인도가 하락하자 파운드 평가를 더 이상 유지할 수 없는 상황에 내몰렸다. 영국은 7월, 8월에 프랑스와 미국에서 준비금을 차입한 이후 결국 금본위제를 포기하는 수밖에 없었다.(1931.9.)

이러한 유럽의 금융위기는 다시 미국의 2차, 3차 은행공황(1931)을 불러 일으켜 악순환의 나락으로 떨어졌다.

금본위제 유지의 의미

금본위제가 유지되려면 특히 적자국에서 경기부양이 필요할 때 팽창정책을 쓰지 못하고 긴축기조를 지켜야 한다. 금본위제를 포기하든지, 팽창정책을 포기하든지, 양자택일을 해야만 하는 것이다. 국내에서 경제정책을 제대로 펼치기 위해서는 고정환율제의 족쇄에서 벗어나야 했다. 당시 대공황에서 회복되려면 금본위제를 포기하고 평가절하를 해야 했다. 그래야 팽창정책을 선택할 수 있기 때문이다.

실제로 일찍이 1931년에 평가절하를 단행한 스웨덴, 핀란드, 덴마크, 영국, 일본, 호주는 회복속도가 가장 빨랐고 1936년까지 금본위제를 고집한 프랑스, 벨기에, 폴란드는 매우 늦

었다. 외환통제를 실시한 독일 등은 그 중간에 위치했다. 미국
도 1933년 루스벨트가 집권한 이후 회복이 시작된다. 이는 공
공사업 등 뉴딜정책이 효과를 내어서가 아니라 금태환 정지와
평가절하가 이루어졌기 때문이었다. 평가절하는 미국내 가격
을 올리고 당시 미국인구의 절반인 농민을 구하기 위한 것이
었다.

유럽 자본의 유출

　1920년대의 자본 순이동은 1914년 이전의 해외대부와 비
슷했다. 대부분 부유한 채권국에서 채무국으로 향했다. 그런
데 1931년부터 급변했다. 막대한 규모의 자본이 저개발국에서
예전의 채권국으로, 국제수지 적자국에서 흑자국으로 갔다.
이 새로운 자본이동은 주로 채무국들의 압도적 규모의 채무상
환이거나, 빠르게 움직이며 투기적 요인과 정치적 위협의 영
향을 가장 크게 받는 대규모 단기자금 이동이었다.
　'핫머니'가 채무국에서 채권국으로 급격히 이동하도록 자
극한 요인으로는 1930년, 1931년의 금융위기, 여러 나라 경제
의 안정성에 대한 신뢰 상실과 통화가치 상실 등을 꼽을 수
있다. 자산보유자들은 단순히 자기네 투자가치를 보호할 목적
에서 엄청난 금액을 인출했다. 그러자 많은 나라가 금과 외환
준비금을 방어하기 위해 외환통제를 단행하기 시작했다. 외환
통제는 더욱더 많은 자금인출을 야기했다. 탈출구가 봉쇄되기

전에 자금이 이탈하려 했기 때문이다. 독일은 1931년에 계정상 10억 달러 이상의 자본 순유출이 있었다. 비상조치로서의 외환통제가 결국 전체주의적 제도로 변모하였다. 모든 경상거래와 자본거래를 엄격히 통제하는 체제가 성립되었다.

외환통제가 늘고 장기대부가 줄자 금융시장이 통합되지 못하고 나라 별로 분리되기 시작했다. 전쟁 이전에는 세계 곳곳의 이자율 패턴이 유사(혹은 수렴)했었다. 국제자본이 존재했다는 뜻이다. 이처럼 국제자본이 존재하면 적자국이나 후진국의 경제성장에 필요한 기반시설을 만드는 데 선진국의 저축을 끌어 올 수 있다. 그런데 1930년대는 이와 같은 국제적 자본시장통합이 사라졌다. 즉, 이자율이 수렴하지 못하고 유용한 자본흐름이 고갈되었다.

극단의 정치적 실험

각국 정부의 공황 회복 노력

대공황 시대는 보통 때라면 생각하기 어려운 온갖 실험이 다방면에서 시도, 혹은 자행된, 그야말로 '극단의 시대'5)였다. 산업생산이 지속적으로 감소하여 1929년의 절반수준으로 떨어진 1933년은 대공황이 정말로 세계의 숨통을 끊을 것 같았다. 서방세계에서 가장 극단적 정치 실험이 시도된 것이 바로 이 시점이다. 또한 이때는 대중의 힘이 확인된 시기이기도 하다. 대중은 금본위제를 유지하려는 엘리트 정치세력을 투표방식으로 붕괴시키고 히틀러나 루스벨트를 선택했다.

미국의 극단적 정치 실험: 뉴딜

극단적 정치실험의 대표적 예가 루스벨트 취임 후 일시에 많은 통제를 쏟아 낸 뉴딜이다. 하지만 일반에 알려진 바와 달리, 뉴딜(1차, 2차)이 미국을 대공황의 수렁에서 끌어낸 것은 아니다. 뉴딜은 실업문제도 해결하지 못한 채 비용만 많이 들었다. 작은 정부, 지방자치를 근간으로 하는 자유주의 미국정부는 GDP에서 차지하는 정부예산 비중을 일거에 급증(12%→20%)시키는 '혁명'을 낳았다(1933). 행정권한도 지방정부에서 중앙(연방정부)으로 많이 넘겨졌다.

금본위제 이탈과 달러화 평가절하로 회복 시작

미국의 경기회복은 루스벨트 취임 직후, 금본위제에서 이탈하고 달러화를 평가절하하면서 이루어졌다. 달러 값이 떨어지자 달러 사려는 사람이 늘고, 또한 유럽의 정치불안 때문에 금과 외화가 미국으로 유입되어, 적극적인 공개시장매입이 없었는데도 통화량이 늘었다. 이에 따라 이자율이 떨어지고 투자와 내구소비재 지출이 늘어 경기가 호전되었다. 군비증강은 1930년대 말까지는 없었다. 미국의 경기회복이 케인즈 모델은 아니다. 당시 재정은 약간 적자였다. 정부가 경기부양을 위해 의도적인 적자재정운영을 했기 때문이 아니라 경기가 나빠 세금이 덜 걷혔기 때문이다. 새로운 정책체제는 강력했고 더 이상의 세계적 경기침체를 저지했다. 물가가 오르고 생산이 늘며 실업도 줄기 시작했다.

뉴딜의 금융개혁(1차 뉴딜)

뉴딜정책은 1930년대 세계를 강타한 대공황기에 미국 정부가 경기회복과 사회적 재분배를 목표로 금융, 산업, 농업과 임금결정에 직접 개입한 여러 조치를 말한다. 뉴딜은 실험적, 임기응변적이고 실로 일관성과 논리가 결여되었으나 구호와 개혁을 목표로 루스벨트 대통령 취임 직후부터 2차 대전 발발 때까지 추진되었다.

뉴딜의 여러 금융개혁조치 가운데 1933년 6월 글라스-스티걸(Glass-Steagall) 은행법이 주목거리다. 이 법의 주요 내용 가운데 하나는 상업은행과 투자은행을 분리한다는 것이다. 은행의 산업투자 활동을 막을 목적으로 은행이 증권업, 보험업 등을 할 수 없게 했다. 이에 따라 공황이 발생하기 이전에 대규모 은행들이 취한 관례였던 증권업, 보험업 겸무가 금지되었다. 그래야 은행 신뢰도를 높여 은행위기를 방지하고 금융안정을 이루리라는 '믿음' 때문이었다. 그리고 이러한 '믿음' 때문에 이 분리원칙이 이후 66년 동안이나 지켜졌다. 이 때문에 각 은행은 포트폴리오 분산을 통한 위험감소책을 쓰지 못했다. 정부는 정부대로 전업투자은행을 규제하기가 힘들어 부작용만 나왔다. 상업은행과 투자은행 분리는 기업의 장기투자를 위한 외부자금 조달비용도 높였다. 그동안 은행지주회사법(1956, 1970), 은행지주회사 규제세칙(Regulation Y 수정, 1980~1986), 연방준비제도이사회 지침(1987~1989, 1996~1997) 등을 통해 차츰 글라스-스티걸 법을 우회하는 행위가 허용되어 왔다. 사실상 사문화(死文化)된 이 법은 결국 1999년에 폐기되었다.

1933년 은행법은 연방준비제도에 가입한 은행들에게 예금보험을 제공할 것도 규정했다. 이에 따라 예금보험공사(FDIC)가 1935년에 출범한다. 본래 미국은 1913년까지 중앙은행 없이 주법은행과 국법은행이 서로 경쟁했다. 그 만큼 미국 금융은 분산되어 있었다. 대기업과 대금융을 의심하는 지방자치적 미국식 민주주의 정서에서 지점설치가 금지되었다. 이에 따른 독특한 단점은행제도(unit banking system)는 미국의 은행산업에서 규모의 경제가 실현되는 것을 가로 막고, 소형 은행이 난립하게 하였다. 지리적 다각화와 은행 간 협조도 저해했다. 그래서 미국의 단점은행들은 지역적 충격에 따른 은행위기에 특히 취약했다. 이러한 단점은행제도로 인한 은행불안을 해결하기 위해 국가차원의 중앙집중적 예금보험제도가 뉴딜의 일환으로 도입된 것이다. 세월이 흐르면서 뉴딜의 각종 경쟁제한 조치들은 대부분 사라졌다. 그러나 예금보험제도는 수차례 파탄을 겪으면서도 깊이 뿌리내렸다. 이처럼 미국의 특수한 역사적 환경에서 비롯되어 많은 손실을 야기한 예금보험이 다른 나라로 널리 확산된 것은 역사의 아이러니다. 명시적 예금보험을 채택한 국가의 수는 1980년에 20개국, 2003년에 87개국에 달한다.

이후 이 제도는 예금보험 대상기관들의 로비활동을 통해

더욱 확대되어 비은행 금융기관까지도 보험대상에 포함되었
다. 보험대상기관의 재무 및 경영상태의 연례공시, 위험연동
보험료 차등화 등으로 제도의 문제점이 보완되기는 했으나,
예금보험제도란 은행파산이나 도덕적 해이에 드는 비용을 결
국 건전한 은행과 조세부담자가 지도록 하는 것이다. 이것이
갖는 분배적 함의는 매우 크다.

예금보험제도는 은행파산을 막는다기보다는 오히려 조장했
다. 남북전쟁 이전과 1907년의 은행공황 직후에도 미국 주정
부들의 예금보험제도 실험이 있었다. 이들이 거의 실패했기
때문에 연방차원의 예금보험제도 도입에 대한 거부감은 FDIC
가 만들어질 당시에도 매우 컸다. 그런데도 FDIC에 관한 법안
이 통과된 것은 지점망을 가진 대형은행보다 숫자상 절대 다
수인 소규모 단점은행들의 로비 탓이었다. 물론 이 법안은 금
융효율을 저해했다. 자본의 효율적 배분을 보장할 금융시장의
규율을 약화시키기 때문이다. 오늘날의 연구결과들은 예금보
험제도가 금융안정에 필요하다는 주장에 회의적이다.

물론 금융개혁 조치 가운데는 바람직한 것도 많았다. 예를
들어 증권법(1933.5.), 증권거래법(1934.6.)은 신주 발행과 상장
주식의 등록 및 공개, 상장회사의 재무제표 보고 등을 의무화
하여 주식시장을 투명하고 효율적으로 만드는 데 일조했다.

뉴딜의 산업통제와 농업정책

뉴딜정책의 기조 가운데 하나가 공황극복을 위해 경제운행

과 자원배분을 시장에 맡기지 않고 필요하면 정부가 이에 개입한다는 것이다. 산업부흥법(NIRA)과 농업조정법(AAA)이 그 대표적 예다.

_산업부흥법(NIRA)

NIRA(1933.6.)는 국가적 긴급 상황을 이유로 독점금지법을 2년간 정지시켰다. 이에 따라 산업의 대표들이 생산설비, 가동시간, 생산량 등을 제한하는 규정을 만들어 대통령의 인가를 받으면 법적 효력이 발생했다. 독일과 비슷하게 카르텔을 아예 법으로 허용한 것이다. 이 산업부흥법을 환영한 쪽은 경제사정이 별로 좋지 않았던 산업들(오래된 대기업, 과잉설비에 시달리던 섬유, 철강, 석유업 등)이었다. NIRA 규정을 경제단체들이 고안한 경우도 많았으며 이들의 정치력도 커졌다. 항공, 화학, 엔지니어링 등 장래성 있는 신산업, 중소기업 쪽은 여기에서 소외되었다. 즉, NIRA는 당시 민간기업의 투자의욕을 저해했고 구조조정이나 산업합리화를 거쳐 산업이 부흥할 기회를 정치적으로 제약했다.

이러한 상황은 결국 상품시장, 노동시장도 왜곡했다. 이 조치로 생산이 제한되고 가격이 상승했다. 이 때문에 미국이 달러화를 평가절하하여 금이 미국에 유입됨으로써 생기는 생산증가 효과가 많이 상쇄되었다.

NIRA에 따른 노사합의 조건은 대체로 노동시간을 단축시켜 고용을 늘리고 임금을 인상한다는 것이었다. 그러나 실질임금이 상승하여 이것이 오히려 실업을 부추겼다. NIRA가 연간 GNP를 6~11% 감소시켰다는 평가도 있다. NIRA를 통해 생산을 통제하려는 정부의 시도는 정치적으로도 실패했으며, 경제적으로도 공황이 회복되는 데 역효과를 낸 것으로 드러나고 있다.

NIRA 가운데는 단결권과 단체교섭권을 보장하는 규정이 있다. 기업이윤을 보장하는 동시에 노동자의 소득을 지지한다는 취지였다. 훗날 NIRA가 연방대법원의 위헌판결을 받은 이후에도 이 규정만은 와그너법(1935)으로 확대 계승되었다. 이것이 노동자 단체를 보호하는 데 전기를 마련했고 이후 노동자의 조합가입률이나 조직활동이 급신장했다. 고용주는 최대 노동시간, 최저임금 등의 규제를 받아들여야 했다. NIRA에만 국한시켜 보면 이 법은 루스벨트 대통령과 재계 간 이해관계의 우호와 갈등, 노동단체의 지지에 힘입은 재선전략 등이 반영된 것으로 해석될 여지가 있었다.

노동경제적 측면에서 NIRA의 효과를 논하자면, 당시 단체교섭의 관행이 뿌리내리면서 노동시장의 성격이 크게 변했다. 즉, 실업이 별로 줄지 않는 가운데 임금과 노동조건이 개선되었다. 실질임금이 상승하면서 노동생산성 또한 증가했다.

_농업조정법(AAA)

미국 정부는 1920년대부터 누적된 농업공황을 해결하기 위해 농업생산을 통제하는 AAA 조치를 시행했다(1933.5.). 정부가 생산량을 제한하여 농산물 가격을 지지한다는 것이 목표였다. 이에 따라 경작지 제한에 협조한 농가에 휴경지 지대를 지불하거나 상품신용공사를 통해 저리자금을 지원했다. 그 결과 루스벨트의 첫 임기 동안 농산물 가격이 50%나 올랐다. 대규모 농가는 이 조치의 혜택을 크게 받았다. 임금노동을 고용하는 자영농지 규모도 커졌다. 노동시장 구조가 변화하여 수확기 노동공급이 쉬워지고 대규모 생산방식과 함께 기계화가 도입되는 전기가 마련된 측면도 있었다.

하지만 소작농은 큰 타격을 입었다. 이 조치가 경작지를 제한했기 때문에 소작농은 농지에서 축출되었다. 땅을 잃은 소작농은 임금노동자가 되어 다시 도시의 노동시장을 압박했다. 존 스타인벡(John Steinbeck, 1902~1968)의 유명한 소설 『분노의 포도(*The Grapes of Wrath*)』는 이처럼 농업불황으로 땅에서 쫓겨나 멀리 떠나야만 했던 농민의 어려움을 배경으로 한 작품이다. 스타인벡 역시 노벨상을 받았다.(1962)

정부는 AAA 시행에 필요한 자금을 농산물 가공업체에 부과한 이윤세로 조달했다. 미 연방 대법원은 이것을 위헌이라고 판결했으나, 이후에도 농업부문에 대한 정부개입은 이를테면 토양보존이라든가 하는 형식으로 지속되었다. 경작지 제한으로 총생산이 줄었나 하면 그렇지 않았다. 그보다는 단위면적당 산출을 늘린 면이 더 컸다. 그 결과 정부수매 농산물 재고가 누적되었다. AAA는 NIRA보다 여론과 정치의 검증에 대응하기에 다소 나아 보인 면은 있었다. 그러나 순전히 경제효

율과 복지 측면에서만 접근한다면, 뉴딜의 생산통제는 그보다 더 나은 다른 대안을 모색했어야 했을 조치였다.

재정팽창과 구호정책(2차 뉴딜)

2차 뉴딜이 시행된 것은, 달러의 금태환 정지와 평가절하가 자리잡고, 해외에서 미국으로 자본이 유입되어 이자율이 하락하며, 이에 힘입어 투자 및 내구소비재 지출증가와 경기회복이 시작된 이후다. 즉, 재정지출의 팽창이 경기회복을 불러 온 것이 아니다.

구호정책은 뉴딜 가운데 가장 큰 업적으로 꼽힌다. 공황에서 회복하고 이에 따른 소득증가의 혜택을 골고루 나눈다는 의도에 하층민 유권자를 의식한 정치적 전략이 맞물린 것이었다. 의도, 전략이야 어떻든 간에 이 정책은 소득과 부의 재분배에 관한 인식을 새롭게 하는 전기를 마련했다.

구호정책이 추진된 방식은 '2차 뉴딜'에서 연방정부가 실업자, 빈민 등에게 저리대부를 제공하거나 공공근로를 통한 대규모 공익사업(도로, 병원, 학교, 운동장 건설, 자연보존활동)을 벌이는 것이었다. 재원은 세수를 늘려 충당했다. 국민소득에 대한 정부예산의 비중은 뉴딜이 시작될 당시 12% 정도에서 20% 이상으로 터무니없이 급증했다. 그중 절반 이상이 구호사업에 쓰였다. 만일 재정운용에 문제가 있었다면 그렇게 막대한 재정지출을 증가시키는 일은 불가능했을 것이다. 당시 재정은 약간 적자였다. 정부가 경기부양을 위해 의도적으로 적자재정

정책을 펴서가 아니라, 불황이라서 세금이 덜 걷혔기 때문이었다.

공공근로 사업과 실업보조는 실상 생산효과나 고용유발효과가 극히 낮은 부문에 대한 투자였다. 그래서 경제효율은 떨어졌다. 그것은 재분배를 위한 이전지출의 성격이 컸다. 구호수혜의 규모는 총 실업자의 20~30% 정도로, 공공지출의 배분에서 형평성 문제도 발생했다.

평가와 의미

실업자는 구호정책이 가장 활발했을 때조차 700만 명에 달했다(1937). 1933년의 1500만 명보다는 다소 호전되었으나, 1938년에 다시 1000만 명으로 늘었다. 구호활동이 소득을 지지하는 수준도 낮아, 3인 이상 가족의 최저생계비에도 미치지 못했다. 주로 건축 종사자, 미숙련 생산직 노동자가 우선 구호대상자였다. 실업률이 높은 연령층(청소년, 노인)은 구호대상을 선정하는 과정에서 차별을 받았다. 대규모 공공지출의 지역별 배분에서 어떤 일관된 원칙은 보이지 않는다. 즉, 구호사업에 경제적 변수보다 대통령의 재선승리를 위한 정치적 요인이 고려되었다는 혐의를 받을 만했다.

이러한 뉴딜의 조치들이 실업치유라는 애초 목표 달성에는 실패했다 하더라도 미국경제에 다른 전기를 마련한 측면은 있다. NIRA는 노동자의 단결권과 단체교섭권을 보장하여 장기적으로 노동조건 개선에 기여했다. 와그너 노사관계법은

NIRA의 노동권 조항을 이어받아 노조의 활동이 1950년경까지 성장했다. AAA 조치도 달리 보면 일종의 농업 구조조정이었다. 대대적인 구호정책은 대중에게 국가가 일자리를 곧 마련해주리라는 희망을 주었다. 오늘날 미국의 '소셜 시큐리티' 제도도 이 구호정책의 노령보험에서 발전한 것이다.

이렇듯 순전히 경제적 측면에서만 본다면, 뉴딜의 산업통제와 구호정책은 공황에서의 회복을 오히려 더디게 했고, 실업문제도 근본적으로 해결하지 못한 채 비용만 컸다. 하지만 다른 측면에서 뉴딜은, 정부가 당시로서는 대중에게 아주 새롭게 받아들여졌을 정책을 통해 앞날에 대한 기대, 희망, 용기를 주었다. 경제정책의 변화에 대해 사람들이 믿었고 낙관적 기대를 하게 되었다. 사람들의 기대자체가 바뀌었기 때문에 회복이 이루어 질 수 있었다. 그런 점에서 뉴딜은 경기회복에 부분적인 의미를 갖는다.

독일: 나치정권의 등장

나치는 디플레이션 정책 비판하고 완전고용 공언

독일의 나치정권 출범(1933)도 극단적 정치실험의 대표적 예다. 그것은 서방세계에서 19세기 자유주의의 몰락을 확실히 알리는 새로운 정책체제였다. 나치는 쿠데타 아닌 합헌방식으로 대중의 지지를 얻어 등장했다. 일단 권력을 장악한 후, 19세기 이래 발전해 온 자유주의 가치관과 이것이 반영된 제도를 제거했다.

　나치는 모스크바에 적대적이면서도 공산주의 5개년계획을 추종했다.(이에 앞서 레닌은 1차 대전 시절 독일의 경제통제 개념을 추종한 바 있다.) 나치계획의 세부사항이 정확히 무엇이었는지는 밝혀진 적도, 명확히 서술된 적도 없다. 하지만 정책방향 만큼은 분명했다. 디플레이션 정책을 비판하고 완전고용을 이룩하겠다는 것이었다.

　나치의 새 정책체제에는 내적 일관성도 없었다. 금본위제에 반대 입장을 밝혔으나 대안은 없었다. 위기에 처해 정치적 편의상 만들어졌을 뿐이다. 그것은 정책들 간에 서로 모순되기도 하는, 비자유주의적 자본주의경제체제였다. 나치는 실업 감소를 위해 노조를 파괴하고 임금교섭업무를 정부가 직접 담당하며, 병역의무와 강제노동제도를 도입하고, 여성고용 감소를 부추겨 노동수요를 증대시키는 등의 방법을 썼다. 43.8%(1932)까지 올랐던 제조업 실업률이 12%(1936), 7%(1937), 3%(1938)로 줄었다. 디플레이션, 균형재정운영 등으로 4년째 방치되던 경제가 나치 출현이후 결정적으로 방향을 전환한 것이다.

나치의 외환통제와 막대한 정부지출

　나치는 외환통제를 실시하면서 이 보호막 안에서 팽창정책으로 돌아섰다. 은행국유화는 실행하지 않았으나, 민간은행은 경기회복과정에서 배제되었다. 나치의 경기팽창은 국민에게 직접 경제적 이익을 준다는 소비자 중심의 정책이었다. 막대한 정부지출이 초기에는 일자리 창출, 주택, 도로건설, 자동차 부문에 쏟아 부어지면서 경기팽창의 주요원천이 되었다. 계획을 실행할 자금은 정부가 비금융 기업에 재정증권 또는 세금증서(Steuergutscheine)를 직접 매각하거나 정부채로 정규자본시장을 독점하는 방식으로 조달했다. 강제저축 동원과 또 일종의 분식회계 방식을 사용했다. 또한 우대금리를 적용해 기업에 대부하고 감세와 보조금 지급으로 민간투자를 촉진했으며 내부자금 조달을 권장했다. 투자도 인허가 제도, 원료 직접배분 등의 방식으로 행정적으로 관리했다.

나치의 군비지출증강은 회복이 본궤도에 오른 이후

나치가 군비지출증강을 시작한 것은 회복이 본궤도에 오른 이후다.(1935~1936) 군수생산의 비중이 커지면서 통제가 더 강화되었다. 나치는 루스벨트와 반대로 저임금정책을 썼다. 이것이 고용정책과 결합되면서 실업률이 1938년에 3%까지 떨어졌다. 경기팽창을 위한 자극이 가장 강력했던 나라가 독일이다. 이를 케인스모델이라 할 수는 없다. 단지 기존의 정통적 재정운영과 자유방임시장으로 인한 혼란에서 벗어나고자 계획화와 관리를 택한 것이다.

나치독일은 사유재산을 폐지하지는 않았으나 관리자들에게 당근과 채찍을 주어 생산을 통제했다. 나치당 강령들은 잘 따져 보면 미국의 뉴딜이 그랬듯이 서로 간에 모순된 내용들로 가득했다. 그런데도 히틀러가 집권한 후 급격한 회복이 시작되었다. 통계상의 신뢰문제가 제기되기는 하나, 여하튼 실업문제도 해결되었다. 이것 역시 정책변화를 모든 사람이 인식하기 시작한 기대변화 덕분이었다. 정책내용보다는 정책변화 자체가 경기부양의 원동력이었다고 할 수 있다.

히틀러는 대공황의 산물

히틀러는 히틀러가 초래하지 않은 대공황의 산물이었다. 이 사실은 경제사적으로 의미심장하다. 나치정권하에서 공식적으로 실업은 해결되고 노동력 부족사태까지 낳았다. 정말 그랬다고 해도 경제학자로서는 이에 대해 뭐라 할 말이 없다. 1차 대전 후 베르사유조약을 체결할 때, 서방세계의 주요 산업국인 독일을 가난에 빠뜨릴, 천문학적 액수의 전쟁배상조항이 끼어들지 말았어야 했으며, 또한 일단 경기침체가 시작될 때 세계 주요국 정부들이 디플레이션 정책으로 4년간이나 경제를 방치하지 말았어야 했다는 것 이외에는…… 그토록 가공할 테러를 써서 추진된 계획경제가 나치 독일 말고는 서방세계에 없었다. 그런 체제는 스탈린의 계획경제 즉, 대공황과는 무관했으면서도 더욱 끔찍한 테러방식으로 운영된 공산주의 계획경제에나 비할 것이었다.

영국: 평가절하하고, 85년간의 자유무역기조 정지

영국은 독일과 미국의 패턴에 따르지 않았다. 1차 대전 후 영국은 세계적 규모의 회복을 주도하는 데 필요한 국제협조를 창출할 능력(헤게모니)을 잃었다. 파운드화가 고평가되어 이미 대공황 이전부터 높은 실업에 시달리며 총파업을 겪었다. 결국 금본위제를 포기해야 했고, 파운드화를 평가절하했다. 일반관세를 도입하면서(1932) 85년간 이어진 자유무역기조를 중단했다. 이후 영국은 수출, 내수가 함께 증가했다.

노동당정부 이후, 보수당이 우세한 제휴정부도 정통재정론(균형 재정)을 추구했다. 영국은 1930년대 내내 이러한 거국일치내각을 유지했다. 정부가 차입으로 자금을 마련해 대규모 공공근로계획을 채택해야한다는 논의는 영국에서 가장 왕성했다. 케인스도 이를 강조했다. 그러나 재무성, 금융계, 기업 등에서 적자재정지출에 대한 반대가 뿌리깊어 시행하지 못했다. 구산업(석탄, 직물, 철강, 조선)에 실업이 극히 편중된 구조적 취약성 때문에 재정팽창이 효과가 있었을지도 의문이다. 영국정부가 이자율을 낮추자(1932) 이 과정에서 통합장기공채와 저당증권 사이의 이자율 차이로 인해 자금이 건설업계로 유입되었다. 주택건설호황이 회복에 기여하기 시작했다. 실업급여가 지나치게 높아 회복속도를 늦췄는지는 아직 논란거리다.

영국경제는 대공황이 시작되기 이전부터 이미 많이 침체했기 때문에, 대공황이 다른 공업국들만큼 그렇게 심각하게 느껴지지 않을 정도였다. 따라서 회복도 그렇게 눈에 띌 정도가 아니었다. 영국정부는 공업에 제약을 가하기는 했지만 나치나 볼셰비키처럼 통제하지는 않았다.

프랑스: 늦도록 금본위제 고수하여 회복이 가장 부진

　프랑스도 독일과 미국의 패턴에 따르지 않았다. 프랑스는 상대적으로 덜 공업화되어 1930년대에도 농업비중이 여전히 큰 나라로, 세계경제에서 고립된 면이 있었다. 그래서 대공황 전파가 늦었으나 일단 대공황이 프랑스를 강타하자 회복이 매우 더뎠다. 금을 많이 보유한 프랑스는 아주 늦도록 금본위제에 머물렀다. 프랑스와 금블록에 남아 있는 회원국들은 늦게까지 금본위제를 고수하느라 불황을 완화하는 데는 속수무책이었다. 1920년대에 프랑화의 과소평가 상황이 프랑스에게는 좋았다. 하지만 이는 세계를 불안정하게 한 요인이 되었다. 1920년대 말 프랑화가 과소평가되고 스털링이 취약한 상황에서 프랑스는 금과 외환준비금을 크게 증가시키고 해외대부도 할 수 있었다. 그러나 러시아 혁명정부의 채무불이행을 겪은 후 프랑스 사람들은 해외대부를 꺼려했기 때문에, 총 대부규모는 그다지 크지 않았다. 그런데 다른 나라들이 금본위제를 떠나면 과소평가된 프랑이 과대평가된다는 점을 프랑스는 인식하지 못한 것 같다. 1930년대에 프랑화 과대평가로 인한 고통은 이제 프랑스 혼자 짊어지게 되었다.

　영국이 속수무책으로 금본위제를 이탈하고 파운드를 평가절하한 1931년부터 프랑은 힘을 잃었다. 프랑스와 금블록 회원들이 더 이상 버틸 수 없게 되자 외환통제와 평가절하 가운데 선택해야 했다. 이들은 후자를 선택했다. 평가절하의 혜택이 프랑스에서는 물가상승으로 크게 잠식되었다.

4년간 11번이나 내각이 바뀐 프랑스의 정치위기

프랑스는 1935년까지 경기가 계속 하강하면서 생산, 고용이 공황이전 수준으로 회복되지 못하고 정치위기로 이어졌다. 1932년부터 4년간 11번이나 내각이 바뀌었다. 파시스트 유형의 조직들이 무솔리니, 히틀러에게서 영감을 얻어 의회민주주의에 반대하는 선동이 잦고 정부전복 기도마저 있었다. 공산당과 노동자는 스탈린체제를 추구했다. 결국 공산주의자, 사회주의자, 급진주의자가 연합하여 인민전선 정부가 탄생했다.(1936)

인민전선정부 출범이후 프랑스도 경제정책을 변화시킬 기회가 찾아왔다. 그러나 이 정부는 경기회복이란 측면에서 볼 때, 해서는 안 될 조치만 최악의 시기를 골라가며 취했다. 블렁(Léon Blum)은 유급휴가, 임금삭감 없는 주 40시간노동을 도입했다. 프랑화 과대평가로 인해 이미 높은 수준인 프랑스의 생산비가 더 상승했다. 그후 또다시 임금을 더 인상했다(마티뇽협정). 프랑화 평가절하를 하지 않고서 시행된 마티뇽 협정 이행은 프랑스인에게 외국에 투자하게 하는 결과를 낳았다. 노동시간제한은, 미국 뉴딜의 산업부흥법의 효과에 비교될 정책이지만, 평가절하를 하지 않은 채 실행해 경기회복에 더욱 역효과를 냈다.

프랑스의 뒤늦은 회복, 그러나!

블렁은 디플레이션정책은 이미 포기했고, 뒤늦게나마 궁지에 몰려 평가절하도 단행했다(1936). 이 시점에서 임금결정과정을 통제하고 새로운 사회주의체제에 돌입한다. 이것이 해외자본도피를 더욱더 부추겼다. 블렁은 인민전선계획을 중지하고 더 이상의 개혁에 대한 희망을 포기했다(1937). 높은 임금이 기술변화에 미치는 장기적 효과가 발휘될 시간적 여유가 없는 긴박한 상황에서 이 정부는 지나친 고임금정책을 썼다. 스페인 내전으로 프랑스의 정치불안이 더 커졌다. 프랑스자체가 아예 내전 가시권에 들어갔다. 블렁이 사임하고 인민전선은 붕괴했다(1937). 회복은 1938년에야 시작한다. 하지만 때가 너무 늦었다. 그 회복은 당시 국제정세에서 어쩔 수 없이 취한 군비 재확장으로 인한 것이었다.

그 밖의 나라들: 스웨덴, 이탈리아, 일본

스웨덴: 대공황에 가장 성공적으로 대처

스웨덴은 중립국이어서 전쟁을 치르지 않았다. 전쟁 후 각 나라들이 금본위제에 돌아가려 할 때 스웨덴에서도 건전통화와 고정환율에 대한 집념이 커, 과거 평가대로 금본위제에 복귀했으며(1922) 그 때문에 치른 산업부문의 희생은 컸다. 1차 대전 후 다수당이 된 스웨덴의 사회민주당은 노동자, 농민을 위한 사회개혁 입법들을 통과시키며 유연하고 비혁명적인 사회주의를 독자적으로 개발했다. 케인스식 적자재정지출을 실제로 시행(1933~1935)한 나라가 스웨덴이다. 그러나 규모가 작아 효과가 크지는 않았다. 실업이 감소한 것은 금본위제에서 일찍 이탈하여(1931) 그 후 시행한 팽창적 통화정책 덕분이었다.

이탈리아: 독일을 닮아간 무솔리니의 극단의 정치적 실험

대공황 이전에 등장한 이탈리아 파시스트정권 역시 1차 대전 이후 서방세계 정치불안의 표현이자, 대공황기에 이르러서는 극단의 정치적 실험사례를 제공한다. 무솔리니는 사회당과의 경쟁에서 패한 후, 그들을 격렬히 공격하는 발언으로 사회당을 두려워하는 층의 지지를 확보했다. 무솔리니의 권력장악 의도는 처음에는 불분명했으나, 자유당을 싫어한 왕이 무솔리니에게 새 내각 구성을 요청했다. 무솔리니 역시 '합법적으로', 혹은 구체제의 묵인하에 권력을 장악한 것이다. 그는 의회주의, 소련식 혁명 등을 거절하고 영토팽창, 노동자, 농민을 위한 혜택, 토지개혁 등을 공언했다. 이후 독재를 강화하면서 노조를 통제하고 토지개혁은 하지 않았다. 대대적인 정치숙청보다는 구보수층과 타협했다.

세계무역이 스털링지역, 나치무역지역, 금블록 등으로 파편화하면서 국제무역이 급감하는 가운데, 이태리는 금블록 회원국이었으면서도 무역패턴과 경제회복과정은 독일을 닮아 갔다. 국가지상주의를 외친 무솔리니는 강력한 리라화가 국가적 긍지를 준다고 생각하여 매우 큰 폭으로 평가절상을 단행한다. 고평가된 통화를 벌충하기 위해 임금과 봉급을 동결하려 했으나 그러지 못했다. 실질임금이 높아졌던 것이다. 따라서 금 유출을 막기 위해 외환통제를 실시하고 청산협정도 도입했다. 리라화는 마르크화처럼 외환통제, 관세, 할당제, 청산 등의 방어기제를 쓰면서 형식적으로만 금블록에 머물렀다. 식량자급을 목표로 증산을 위해 농산물가격을 높게 유지했다. 회복은 무솔리니의 아비시니아 침공결정(1935)과 함께 시작되었다. 군비에 대한 적자재정 지출로 총고용, 제조업부문 노동시간 모두 급증했다.

일본

일본도 1차 대전 기간에 금본위제를 중단했다가 전전평가로 금본위제에 복귀했다. 이런 정책방향은 1920년대에 디플레이션 지속으로 귀결되었다. 이 정책기조는 1925년의 관동대지진과 1927년 대만은행발 경제위기 때문에 중단되었다. 그랬다가 미국과 유럽에서 대공황이 시작된 후인 1930년 1월에 드디어 일본도 금본위제로 복귀했다. 기막히게 가장 나쁜 시기를 골라잡은 것이다.

1931년 12월에 일본은 다시 신속하게 금본위제를 포기하고 엔화를 큰 폭으로 평가절하했다. 이러한 재빠른 정책전환 덕분에 일본은 아예 금본위제에 복귀하지 않은 스페인과 마찬가지로 최악의 불황은 피할 수 있었다. 일본의 공업생산은 서방세계의 그 어느 주요 나라보다 더욱 급속히 성장했다. 이것은 부분적으로는 신속하게 금본위에서 이탈한 결과였다. 또 한편으로 회복이 신속하게 이루어진 것은 공업을 지지하기 위해 적자재정 방식으로 팽창적인 재정정책을 쓴 덕분이다. 그것은 케인즈식 방식이었다기보다는 파행적 군비지출이었다. 군국주의 군대의 지속적인 자원수요증가가 수요팽창의 자극제가 된 것이다.

2차 대전의 발발

1933년부터, 늦어도 1936년부터 유럽 국가들의 경제가 회복되기 시작한다. 하지만 대문 바깥에는 바이마르 민주주의와 경제가 붕괴된 후 정권을 잡은 히틀러의 나치(Nazi Germany)가 포진해 있었다. 대공황 기간 동안 강대국들이 수입을 억제하고 자국의 산업을 보호하기 위한 교역장벽은 높아만 갔다. 1930년 미국의 스무트-홀리 관세(Smoot-Hawley Tariff)와 1932년 영국의 일반관세를 비롯하여 여러 나라들이 보복관세와 비관세 장벽을 경쟁적으로 도입했다. 즉 당시 세계경제는 스털링지역, 금블록, '중부유럽'을 구상하는 나치 무역지역, 먼로주의를 표방하는 미국(먼로주의는 불간섭주의라기보다는 남미는 미국의 영역임을 주장하는 것이다. 1904년 시어도어 루스벨트(Theodore Roosevelt, 1858~1919) 대통령의 확대해석으로 구체화되었다.), 일본의 대동아 공영권 등으로 분열되었다. 이런 상황에서 이탈리아 무솔리니의 아비시니아 침공(1936)을 연합국이 수수방관하는 것을 보면서 히틀러가 용기를 내는 순간, 경제장벽의 불길이 군사장벽 쪽으로 옮겨 붙었다. 결국 세계경제가 정상적인 경기회복을 마무리할 기회를 놓친 채 2차 대전이 발발하고야 만 것이다.

서유럽 자유주의의 역사와 몰락

    1930년대 대공황은 서방세계의 자유주의 체제를 붕괴시켰다. 서방세계 자유주의 가치관의 주요 항목은 독재나 절대주의적 통치 등에 대한 불신, 자유롭게 선출된 정부와 의회, 입헌통치, 언론·출판·집회의 자유, 계몽주의의 유산인 이성, 과학에 대한 신뢰 등이었다. 이러한 가치관이 반영된 19세기 자유주의 체제가 유럽 나라들 사이에서 그 발달 시기와 정도, 형태는 조금씩 달랐으나 어쨌든 1차 대전 발발 때까지는 지속되었다. 그러다가 전쟁의 결과 즉, 대공황에 의해 비로소 종말을 고하게 되었다.

    경제사적으로 볼 때 자유주의의 몰락은 히틀러가 이끄는 나치 독일의 탄생과 동의어였다. 다른 나라들의 자유주의도 크게 타격을 입거나 심대한 굴곡을 겪었다. 유럽에서 자유주의체제가 아슬아슬하게나마 명맥을 유지한 곳은 영국, 아일랜드 공화국, 스웨덴, 스위스 정도였다.[6]

　서유럽 자유주의란 무엇인가? 당연한 얘기지만 서유럽 자유주의는 19세기에 갑자기 등장하지 않았다. 그것은 유럽에서 오랜 세월에 걸쳐 각 시대마다 그 시대에 해당되는 의미를 새로이 취득해가며 꾸준히 진전된 흐름이었다. 이 장에서 그 몰락을 설명하기 전에, 다소 길더라도 서유럽 자유주의 발전의 역사를 먼저 살펴보기로 하자. 이는 자유주의 체제가 대공황으로 크게 흔들리고 위협받으며 무너지는 바의 의미를 이해하는 데 도움이 된다. 오랜 세월에 걸쳐 19세기 서유럽 자유주의에 이르는 과정을 살피는 것은 곧 자유주의 개념을 이해하는 한 방식이자 그 붕괴의 표현인 모더니즘을 음미하는 데도 필요하다.

서유럽 자유주의의 역사

　19~20세기 초 서유럽 자유주의 정신이 발현된 자유주의 정치 사조는 서로 다른 원천에서 유래한 두 가지 전통이 혼합된 것이다. 그 하나는 고대 그리스 시대의 '개인의 자유' 이념이 17세기 말~18세기 초 영국 휘그당(Whig)의 정치이론으로 부활한 것이다. 유럽 자유주의 나라의 대부분은 이를 정치제도의 모형으로서 채용했다.

다른 하나는 대륙에서 자란 합리주의 시각이다. 그것은 사회전체를 이성에 맞게 의도적으로 구성해야 한다는 주장이었다. 이러한 태도는 데카르트(René Descartes, 1596~1650) 등에게서 체계화되어 프랑스의 계몽철학으로 발전했다. 이의 가장 강력한 대변인이 볼테르(Voltaire, 1694~1778), 루소(Jean-Jaques Rousseau, 1712~1778) 등이다. 이 주장은 프랑스 혁명에서 최고의 빛을 발했고 이로부터 대륙적 형태의 자유주의가 도출되었다. 영국과 달리 이 운동은 선명한 정치이론이라기보다는 보편적, 정신적 태도였다. '인간은 모든 편견이나, 합리적으로 근거를 대서 설명할 수 없는 신념, 확신 등에서 벗어나야 한다. 동시에 카톨릭 신부나 왕의 후견 등과 결별해야 한다.', '인간은 자유로운 존재이고 오로지 이성의 지지에 의해서만 살아간다.'는 등의 생각이다.

이 두 정신 사조는 사상, 언론, 출판의 자유에 대한 요구 등의 면에서는 서로 일치한다. 그러나 '자유', '평등'이란 말은 서로 다른 뜻으로 썼다. 영국의 전통은 '개인은 모든 자의적 폭력으로부터 법으로 보호받아야 한다.'는 의미에서 주로 개인의 자유를 강조했다. 이에 반해 대륙에서는 '모든 개별 그룹은 그 국가 형태를 스스로 결정해야 한다.'는 요구를 전면에 내세웠다. 이로써 대륙의 자유주의 운동은 초기부터 민주주의 운동과 연결되었고 그래서 관심사가 영국적 자유주의 전통과는 달랐다.

유럽의 19세기는 자유주의 이념이 구체화되는 시기였다. 형

용사 '자유로운(liberal)'이란 말은 18세기경에 서서히 정치적 중
요성을 획득하기 시작했다. 애덤 스미스(Adam Smith, 1723~1790)는
이 말을 자주 사용했다. 자유주의란 개념이 처음 사용된 것은
1812년 스페인의 자유당에서였다. 그 후 프랑스의 한 정당의
이름으로 등장했다. 영국에서는 휘그당원들과 대륙의 영향을
받은 급진파들이 결합하여 1840년대 초부터 자유당이 되면서
자유주의라는 명칭이 사용되었다.

미국에서는 예전의 영국 식민주의자들이 국가권력을 제한
하려는 의도에서 영국적 자유주의 전통의 근간이 되는 부분을
성문헌법으로 작성했다. 그리고 1791년 10개조 수정(권리의 장
전(Bill of Rights)이라고 부름)에 자유주의 기본권을 공식화했다. 이
를 바탕으로 만들어진 정치제도 모형은 다시 유럽 자유주의의
발전에 영향을 미쳤다. 당시 유럽에서 자유주의의 내용은 아
직은 급진적 요소로 분류되었다. 그런데 미국에서는 이 내용
을 헌법으로 작성하여 미합중국이 탄생했다. 그러므로 미국에
서 자유주의자는 자기네 헌법을 수호하는 사람이란 뜻이고,
따라서 미국에서는 자유주의를 지지하는 태도가 곧 보수적이
되는 것이다.

물론 대공황 이후 세계의 어느 나라에서도 19세기적 자유
주의 원칙을 고스란히 추구하는 정당은 없다.

고대 그리스의 이상

　고대 그리스인들, 특히 기원전 5~4세기의 아테네인은 개인의 자유에 대한 이상을 명료하게 인식한 최초의 사람들이었다. 고대인들은 자유를 '법 아래서의 자유,' 혹은 '법이 왕이 되는 상황'으로 이해했다. 초기 고전시대에 이것은 '법 앞에서의 평등' 혹은 '동등지배(Isonomia)'로 표현되었다. 이들에게 법은 국가의 침해로부터 시민의 사적 영역을 보호하는 것이었다. 자유는 국가 내에서 최고의 선으로 간주되었고 헌법의 기능은 개인이 획득한 재산을 보호하는 것이었다. 스토아 학자들은 그러한 자유주의적 이상을 폴리스를 넘어 확대, 발전시켜, 모든 통치권을 제한하는 자연권으로 집약하고, 법 앞에서 만인은 평등하다는 것을 대변했다.

　그리스의 자유 이념은 주로 로마인들(Marcus Tullius Cicero, Titus Livius)을 거쳐 근대에 이르렀다. 예를 들어 키케로는 "자유로운 사회에서 권리와 재산을 손상시키는 것은 불법이다. 이 권리, 재산의 문제는 원로원, 인민, 법정 등의 판결에 따라 처리되어야 한다. 판결은 시민의 특권과 사유재산을 보호하며 이에 대한 위반을 다룬다."고 하였다.[7] 로마인들은 사적(私的) 소유개념을 엄격히 해석하는 데 집중하였다. 그리하여 완전한 개인주의적 사법(私法)을 유럽 대륙에 전달했다. 이 법 속에는 절대적 사유권 개념과 함께 통치권력에 대한 제한이 함축되어 있었다.

‘법 아래서의 자유’라는 고대 그리스, 로마인들의 이상은 중세 후반기에 활성화 되었다.8) 이러한 생각은 통치의 밖에, 그리고 통치의 위에 존재하는 법에 대한 믿음으로 더욱 강화되었다. 유럽 대륙에서는 이를 자연법으로 이해했다. 영국에서는 법이 입법자가 공포하는 것이 아니라 누구누구를 구별하지 않고 지속적으로 정의를 찾는 과정에서 형성된 보통법(Common Law)으로서 존속되었다. 토마스 아퀴나스(Thomas Aquinas, 1225~1274)가 아리스토텔레스의 사상을 기초로 하여 처음으로 이러한 이념을 체계화한 것을 이후 스콜라 학자들이 계승하였다.

이 내용들은 16세기 말에 경제부문과 관련하여 예수회(Jesuit) 철학자들에 의해 자유주의 정책원리로 만들어졌다. 그리고 18세기 스코틀랜드의 철학자들이 이를 재생시켰다. 이외에도 이탈리아 르네상스 시대의 도시, 특히 피렌체, 네덜란드 등지에서 발생한 이념의 몇 가지 초기발전에 의존하여 17~18세기 영국의 이념들이 진전될 수 있었다.

영국 휘그당의 전통

영국에서 내전 기간에 발생한 여러 논쟁 과정에서 법에 의한 지배라는 이념이 작성되었다. 이것은 1688년 명예혁명 후, 휘그당의 기본원칙이 되고 이로 인하여 휘그당이 집권했다. 이 내용은 로크(John Locke, 1632~1704))의 『시민 정부론(Second

Treatise of Civil Government)』(1690)에 수록되어 있다. 이 책에서 로크는 '인간은 생명, 자유, 재산을 보호받기 위해 정부를 구성했다.'고 주장하면서 경제적 자유와 사유재산을 정치적 자유와 연결시켰다. 재산을 옹호하는 로크의 주장에는 제한적 선거권을 정당화하는 내용이 담겨 있다. 로크는 명예혁명과 대의제 정부를 지지했다. 명예혁명으로 곧장 민주주의 정부가 탄생한 것은 아니었다. 이 혁명은 주권을 의회에 부여했고 의회는 상층계급을 대변했으며 입헌군주제 방식으로 작동하는 귀족적 정부시대를 출범시켰다.

영국의 자유주의 운동과 칼뱅주의적 상공업 종사자들 간에 긴밀한 관계가 맺어진 것도 이 시기다. 일반적 규율을 정한 입법, 권력을 엄하게 제한한 행정 등과 관련된 휘그당 이론은 18세기를 지나면서 영국 전통의 특징이 되었다. 이 전통은 프랑스의 몽테스키외(baron de Montesquieu, 1689~1755), 볼테르 등의 저작으로 세상에 확산되었다. 또한 모든 사람, 모든 사회에 적용되는 자연권, 평등권에 대한 로크의 생각은 독립이전의 미국(colonial America)에서 특히 환영받았다.

영국에서는 흄(David Hume, 1711~1776)과 애덤 스미스가 이러한 생각을 발전시켰다. 흄은 자유주의적 법 이론의 기초를 세웠다. 또한 영국 역사를 법의 지배가 발전하는 과정으로 해석했다. 스미스는 적절한 법적 규율로 개개인을 제한하면 그 결과로 생기는 자율적 질서를 논했다. 그는 『국부론(*An Inquiry into the Nature and Causes of the Wealth of Nations)*』(1776)에서 중상주의

(mercantilism)를 국가가 승인한 독점권과 정부 특혜의 불공정한 체계라고 비판했다. 모든 시민에게 공정하고 동등한 권리를 부여하는 자유경쟁이 중상주의보다 훨씬 바람직하다고 강조했다. 『국부론』은 모든 자의적 권력을 철저하게 불신하여, 국가권력을 제한하면 이것이 곧 영국 경제 후생의 주요 원천이 된다는 가설을 제시했다. 흄, 스미스 등이 강조한 자생적 질서란 신이나 지배자의 의지에 의존하지 않고도 자연히 형성될 수 있는 질서를 말한다. 이 질서를 유지하면 사회구성원 각자의 자유로운 개별 행동이 '보이지 않는 손'으로 유도되어 공익을 증진시키는 결과를 낳는다고 보았다.

프랑스 계몽주의와 달리, 영국 자유주의는 이성의 한계를 주장했다. 즉, 영국인들은 누가 무엇을 원하는지 어떻게 알고서 '이성에 맞게' 사회를 재조직하겠다는 것인가, 이렇게 생각했다. 따라서 인간사회를 구체적 목적을 가지고 '이성에 따라' 조직화(이를테면 20세기의 레닌이 이 작업을 가장 대대적으로 실행했다.) 하는 작업을 크게 경계했다. 즉, 영국의 자유주의자들은 자생적 질서에 대한 자각, 그리고 이 자생적 질서의 활성화를 통해 인간의 자유와 발전 원리를 찾고자 노력했다.

이러한 영국 자유주의 운동은 프랑스 혁명의 과격함, 폭력에 대한 저항과 불신으로 일단 주춤했다. 이러한 저항은 버크(Edmund Burke, 1729~1797)의 저작(*Reflections on the Revolution in France, 1790*)으로 표현된다. 그는 미국 식민주의자들을 옹호하기 위한 휘그 이념을 재구성한 후, 프랑스 혁명을 맹비난했다.

나폴레옹 전쟁이 끝난 후, 휘그당 이론과 애덤 스미스에 기초를 둔 자유주의의 발전이·다시 이어졌다. 19세기에 흄의 업적이 계승되면서 이와 함께 영국적 전통보다는 대륙 전통에 더 많은 기반을 둔 급진적 운동(Jeremy Bentham, 1748~1832)도 자랐다. 이러한 조류들이 결합하여 결국 1830년에 정당이 생성되고, 1842년 이후 자유당으로 되었다.

자유주의가 만개할 당시 이 자유의 개념은 '자유로운 인간은 어떠한 자의적 강제에도 예속되어 있지 않다.'는 의미였다. 그러나 사회에서 사는 인간에게 이 개념을 적용할 때, 어떤 강제에서 개인을 보호하려면 결국 모든 개인에게 타인에 어떤 강제를 행사하지 못하게 하는 제한이 필요하다. 따라서 자유주의자에게 자유란 법 아래서의 자유였다. 그러므로 자유주의는 무정부주의(Anarchism)와는 엄격히 구분된다.

19세기 거의 내내 영국은 서방세계 나라 가운데 이러한 자유주의 이념을 가장 많이 실현한 나라였다. 영국에서 자유주의 운동은 참정권을 확대하는 선거법을 통과시키고(1832), 곡물법을 철폐한 후(1846), 자유무역을 도입하는 데까지 발전했다. 이 운동은 반곡물법 연맹이 이어갔다(1836~1846). 이후 고전파 경제학자들보다 더 극단적인 자유방임 태도를 취한 콥덴(Richard Cobden, 1804~1865), 브라이트(John Bright, 1811~1889) 등이 이 운동을 이끌었다. 자유무역에 대한 이들의 입장은 국가권력의 어떠한 확장도 거부하는 것이었다. 이러한 태도는 주로 해외에 대한 바람직스럽지 못한 간섭 때문에 국가지출이 증대하고 있다는 비판으로까지 이어졌다.

'평화, (국가 권력의) 제한, 개혁'이 당시 영국의 극단적 자유
주의 세력의 표어였다. 이러한 운동은 프랑스와 콥덴-슈발리
에 협정(1860)을 맺으며 절정에 도달한다. 이 무역협정으로 인
해 영국과 유럽에서 자유무역이 이루어지게 되었다. 또한 범
세계적으로 자유무역에 대한 기대가 널리 확산되었다. 이 시
기에 영국에서 자유주의 운동의 기수로서 글래드스턴(William
Ewart Gladstone, 1809~1898)이 등장했다. 브라이트는 그의 대외
정책 파트너였다. 철학자 스펜서(Herbert Spencer, 1820~1903)는
개인주의적 작은 정부를 옹호하는 대표적인 대변자였다. 이들
은 처음에는 민주주의 확대보다는 과거에 남용된 특권 철폐에
역점을 두었다. 그러다가 1867년 2차 선거법 개정 시기에 이
르러 민주주의 확대와 연결되었다.

밀(John Stuart Mill, 1806~1873)은 『자유론(On Liberty)』(1859)에서
의사(意思)의 자유를 억압하는 폭군을 비판하면서도, 자유주의
에서 한 걸음 더 나아가 분배적 정의를 지지하였다. 밀은 사회
주의적 노력에 대해 대단히 긍정적인 태도를 취함으로써 많은
자유주의자들을 온건한 사회주의자로 서서히 전환시키는 길
을 닦아 놓았다. 그는 과거 자유주의자들이 규정한 소극적 자
유 개념과는 대조적으로 국가의 적극적 과제를 강조했다.

19세기 마지막 4분기에는 영국 자유주의 진영 내에서조차
자유주의 이론을 비판하는 소리가 높아지기 시작했다. 새로이
일어난 노동자 운동에게서 자유당은 지지를 상실하기 시작했

다. 하지만 자유주의 이상은 20세기 초까지도 영국을 지배하면서 보호주의나 간섭주의적 요소를 막는 데 성공했다. 영국에서 자유주의는 1차 대전 발발 때까지 지속되다가 전쟁의 결과에 의해 흔들리기 시작했다.

프랑스

프랑스에서는 튀르고(Anne-Robert-Jaques Turgot, 1727~1781), 콩도르세(M.J.A.N. Condorcet, 1743~1794), 시에예스(Emmauel Sieyès) 등 계몽철학자들의 급진적 자유이념이 주로 정치문제에 적용되어 프랑스 혁명과 나폴레옹 전쟁 시기에 프랑스와 인접 대륙 지역에 확산되었다. 그러나 프랑스에서 진정한 자유주의 운동은 1830~1848년에 최고조에 달했다가 이후 소수 엘리트에 국한되어 전개되었다. 콩스탕(Benjamin Constant, 1767~1830)이 영국 전통의 자유주의 견해를 체계화 시켜 대륙의 상황에 적응시키고자 노력했고, 기조(F.P.G. Guizot, 1787~1874)가 이를 이어받아(1830~1840년대) 국가권력을 헌법으로 제한하는 이론을 발전시켰다. 이러한 노력이 가장 잘 반영된 것이 1831년 벨기에의 헌법일 것이다. 토크빌(Alexis de Tocqueville, 1805~1859) 역시 영국적 전통의 영향을 많이 받은 자유주의 계열에 속한다.

대륙 자유주의의 가장 두드러진 특징은 로마가톨릭 교회와의 지속적인 갈등 즉, 반성직적, 반종교적, 반전통적 요소였다. 1848년 혁명 때까지 25년 동안 프랑스와 서·중부 유럽 대륙의 자유주의 운동은 영국식 자유주의보다는 민주화 운동과 긴밀한 유대를 맺었다. 그 후 대륙에서 영국적 자유주의는 거의 사회주의적인 요소들로 대체되었다. 이에 따라 자유주의는 프랑스의 정치발전에 별다른 역할을 하지 못했다. 1848년 이후 프랑스 사상가들 역시 자유주의 이론에 별다른 기여를 하지 못했다. 소위 인간이성의 무한한 능력을 믿는 과학주의나 신인동형동성론(神人同形同性論, anthropomorphism)적 사고 대열에 있는 데카르트식의 합리주의 사고의 지적 전통은 이후 생시몽(Comte de Saint-Simon, 1760~1825), 콩트(A. Comte, 1798~1857), 헤겔(G.W.F Hegel, 1770~1831), 마르크스(Karl Marx, 1818~1883) 등에게 전수되었다.

독일

자유주의 발전이란 측면에서 독일의 자유주의는 프랑스보다는 더 중요한 역할을 수행했다. 19세기 중반 이후 첫 25년 동안 독일에서도 독자적인 자유주의 발전이 이루어졌다. 영국, 프랑스에 기원을 둔 자유주의 이념을 칸트(Immanuel Kant, 1724~1804), 훔볼트(Alexander von Humboldt, 1769~1859), 실러(Johann C.F.v. Schiller, 1759~1805) 등이 강조했다. 칸트 이론의 핵심은 흄과 유사하다. 칸트는 법을 개인의 자유를 보호하는 것으로서 이해했다. 또한 법치국가 이념, 즉 법의 지배를 강조했다. 훔볼트는 철저하게 법과 질서유지에만 국한된 국가상을 고안했다. 실러도 독일의 교양인들을 개인의 자유 이념에 익숙하게 하는 데 기여했다. 그리하여 1830년대에 독일에서도 전반적인 자유주의 운동이 발전했다. 그러나 독일 지역에서 자유주의 운동은, 이탈리아처럼, 국가통합을 목표로 한 운동과 긴밀히 연결되었다.

북부 독일에서 자유주의 운동은 영국적 실례를 추종하는 헌법운동으로 발전했다. 남부독일에서는 프랑스 영향을 많이 받아 국가의 자의적 권력을 제한하는 문제에 더 많은 관심을 보였다. 이로 인해 북부 독일에서는 엄격한 법치국가관이 생겼고, 남부에서는 행정부로부터 사법부의 독립성을 강조한 권력분립에 치중했다. 남부(바덴, 뷔르템베르그)에서 본격적인 자유주의 이론가 그룹(Carl von Rotteck, C.T. Welcker)이 형성되어, 1848년 혁명 전야에 독일자유주의 사상의 중심이 되었다. 혁명은 실패했다. 하지만 법치국가를 수립하는 데 필요한 헌법과 법의 개정 등은 계속 이루어졌다(1860~1870년대).

이렇게 되다보니 자유주의 운동은 1870년대 중반 유럽에서 정치적 영향력이 가장 큰 움직임이 되었다. 또한 이 시기는 자유주의가 동부 유럽 쪽으로 확장하는 시기이기도 했다. 그러나 자유주의자가 아닌 비스마르크(Otto von Bismark, 1815~1898)가 독일통일(1871)을 주도하고, 강력한 신생 산업국 독일이 보호무역주의(1878)와 새로운 사회정책적인 조치를 취하면서 자유주의 운동은 후퇴하기 시작했다. 독일에서 자유당은 신속히 몰락하여 그 전성기는 12년도 채 되지 못했다.

독일은 물론 이탈리아에서도 자유주의가 국민통합운동과의 결속을 상실했다. 노동자 운동 또한 급성장하면서 자유주의는 힘을 잃기 시작했다. 국민통합(1860)이 이루어진 후에는 주된 관심이 새로 탄생한 국가의 세력증강에 초점이 맞춰지기 시작했다.

19세기 4/4분기부터 서방세계에서는 전반적으로 '진보'에 대한 무한한 신뢰가 주춤하기 시작했다. 이후 독일은 서구의 자유주의, 합리주의 전통에서 분리하여 독자적으로 과거를 분석하기 시작했다. 이른바 역사주의가 탄생한 것이다. 이들 (Gustav Schmoller, 1838~1917 / Werner Sombart, 1863~1941)은 자본주의 정신과 물질적, 사회적 진보를 이룰 근본적 동력을 국가형성 노력과 동일시했다. 또한 신고전파에 반대하여 이를 독일에서 몰아내고 자유방임에 대처할 이론 개발에 몰두했다. '모든 경제행위는 구체적으로 정치적 연관 속에서 사회의 가치를 반영하며 이루어진다. 이 행위는 국가의 간섭에 종속된다.'고 강조하기 시작했다. '자유방임형 자본주의는 필연적으로 사회주의 혁명을 낳고 이에 따라 무정부 상태가 될 것이다. 그러면 결국 문명이 몰락할 것이다. 이를 예방하기 위해 자본주의도, 사회주의도 아닌 제3의 길을 모색해야한다.'고 이들은 생각했다.

이렇듯 19세기 말~20세기 초 독일인들에게 서양 문명 (Western civilization)이란 개인주의, 1789년 프랑스 혁명의 이상 등을 의미했다. 서양이란 라인강 서쪽이었다. '서구'란 말은 자유주의, 민주주의, 자본주의, 개인주의, 자유무역, 국제주의의 개념을 담은 말이었다. 이러한 서유럽 문명을 독일인들은 천박한(seicht) 것이라고 경멸하기 시작했다.

이들에게 '자유무역론'이란 단지 영국의 이익을 촉진하기 위해 고안된 이론이었다. 영국이 세계에 전파한 정치적 이상은 더이상 아무런 희망이 없고 낡았다는 생각과 이를 부추기는 선동이 일기 시작했다. 마르크스적 사회주의자로 출발한 좀바르트는 『상인과 영웅(Händler und Helden)』(1915)이란 책을 세상에 내놓았다. 이 책은 사회주의 색채와 다른 방식으로 반(反)자본주의의 정서를 전파시키며 다음과 같이 주장했다. '전쟁은 영국의 상업문명(Händler)과 독일의 영웅적 문화(Helden) 사이의 불가피한 투쟁이다. 개인주의란 상업적 정신에서 나온다. 1789년의 사상(자유, 평등, 박애)이란 단지 개인에게 이익을 확보해 주기 위한 상업적 이상일 뿐이다.'

자유주의의 몰락

이러한 우여곡절과 1차 대전까지 치른 서방세계 자유주의 체제는 이탈리아의 무솔리니가 로마에 진군한 때부터 2차 대전 도중 추축국의 전세가 절정에 이를 때까지 약 20년 동안, 급격히 후퇴했다. 이 시기 자유주의 체제에 가해진 위협은 정치적 좌파보다는 우파 쪽에서 훨씬 더 컸다. 서방세계에서 자유주의 체제를 뒤엎은 세력들의 근저에는 자유주의 이전 사회의 질서가 자유주의 때문에 전복되었다는 반발이 깔려 있었다. 이 우파 세력들은 사회혁명에 대항하고, 자유주의 정치제도에 적대적이며, 군대를 선호하고, 권위주의적이었다. 또한 물리적 강제력을 행사할 기구를 육성하고 민족주의적인 경향을 보였다. 그들은 대체로 세 부류였다.

첫째, 특정한 이데올로기적 의제를 갖지 않은 반공주의자들이었다.

둘째, 유기체적 국가주의자들이 있다. 이들은 중세 시대를 미화하고 봉건사회에 대한 이데올로기적 향수를 지닌 세력들이었다. 그리하여 자유주의적 개인주의의 도전과 노동자, 사회주의의 도전, 양쪽 모두에 대항하면서 코포라티즘(corporatism)으로 무장했다. 이에 따라 위로부터 통치되는 권위주의 체제, 강력한 국가, 선거민주주의의 제한 혹은 폐지 등을 내세웠다. 주로 가톨릭 국가들이 이 부류에 속했다. 자유주의체제가 붕괴하는 시기에 교회는 내심 이를 기뻐하는 경향을 보였다.

셋째, 파시스트 운동 세력을 들 수 있다. 이 운동은 이탈리아에서 무솔리니를 중심으로 시작되었으나 1933년 히틀러의 승리로 유럽 일대에 확산되기 시작했다. 이 파시스트 우파와 비(非)파시스트 우파 간에는 중요한 차이점이 있다. 즉, 파시즘은 밑으로부터 대중을 동원하여 등장했다는 점이다. 이들은 자유주의 해방을 비난하고, 18세기 계몽주의, 프랑스 혁명의 유산에 대해 원칙적으로 적대적이었다. 파시즘은 반자유주의(anti-liberalism)였다. 이들은 사회주의 노동계급운동에도 반발했다. 노동계급운동이 자유주의의 산물이었기 때문이다. 뿐만 아니라 외국인, 다른 민족의 존재가 자유주의 물결에 따른 대량 이민의 산물이라는 생각에서 외국인 혐오를 극단적으로 표출했다. '소시민은 자유주의 시대에 성장한 독과점 대기업과 대중 노동운동의 틈바구니에서 압박을 느끼기 시작했고, 이 압박감, 분노가 정치적으로 표현된 것이 파시즘'이라는 견해는 상당히 설득력이 있다.

이러한 감정은 반(反)유대주의로 집약되었다. '유대인이 누구인가? 오랜 세월 유럽 전역에 거의 보편적으로 존재하다가, 계몽주의, 프랑스 혁명이 몰고 온 자유주의 물결에 따라 해방되어 더욱 눈에 띄게 된 외국인 집단이 아니던가. 따라서 유대인은 계몽주의, 자유주의를 신봉하리라.'는 단정이 이 시대에 확산되었다. 실제로 유대인 가운데는 자본가, 사회혁명 선동가, 교육받은 전문직 종사자가 유달리 많았다. 그러한 유대인은 소시민층에게 상대적 박탈감을 부각시키는 '인종'이었다. 유대인이 농촌과 외부경제를 연결하는 역할을 했던 동·중부 유럽에서 유대인에 대한 혐오는 독일, 이탈리아보다 더 확고했다. 이러한 인종주의, 민족주의는 자유주의 경험이 없는 지역에서 더욱 극단적인 급진 우파 행동으로 나타났다.

왜 1차 대전 후에 급진 우파가 급격히 부상했는가? 그것은 1차 대전으로 사회구조가 붕괴되는 와중에서 그 붕괴된 사회의 일원이던 중간계층과 소시민층 출신 민족주의 청년들이 파시즘에 매력을 느끼기 시작했기 때문이다. 또한 사실상 현실로 받아들여졌던 사회혁명과 노동계급의 힘에 대한 대응이기도 했다. 영국, 프랑스, 미국 등 체제가 붕괴되지 않고 지배계급의 권력, 영향력 등이 무사한 곳에서는 파시즘이 성장하지 못했다. 새로 독립한 나라에서도 파시즘은 없었다. 파시즘은 구체제의 묵인이나 구체제의 주도로, 합헌적 방식으로 권좌에 오른 후, 기존의 정치게임을 거부하고 모든 경쟁자를 제거했다. 그리고 무제한적 독재를 행사했다. 따라서 '파시스트 혁명'이란 말은 존재할 수 없다.

또한 파시즘은 독점자본(혹은 대기업)의 표현도 아니다. 파시즘은 결과적으로 비자유주의적 자본주의 경제를 운영하는 체제였다. 공산주의와 달리 사유재산은 인정하되 이를 국가가 대대적으로 통제했다. 이들은 대공황을 효과적으로 이겨내고(독일), 마피아를 제거하면서(이탈리아) 노동운동을 파괴했다. 파시즘은 자유주의적 자본주의 체제가 맞은 위기의 산물로서 등장한 정치체제였다. 그러므로 자유주의적 자본주의를 확실히 발달시켜 본 경험이 없는 나라의 정권에게는 파시즘 개념을 적용할 수 없다. 예를 들어 1930년대 일본은 파시즘 체제라기보다는 과거 프로이센과 여러 면에서 유사한 국가주의적 군국주의 체제였다. 남미의 콜롬비아나 아르헨티나 역시 파시즘의 이데올로기적 영향력을 크게 받은 나라였을 뿐이다.

전간기(interwar period, 1914~1945)의 예술
: 모더니즘

　　1930년대 대공황 시대는 19세기 말에 싹튼 세기말적 정신적 불안감이 1차 대전 동안 방향상실, 비관론으로 증폭되어 위기감이 극에 달하는 시기였다. 그 위기감은 예술적으로도 극단적인 실험(모더니즘)으로 표출되었다. 그 근원에는 물론 경제적 요인 때문만은 아닌, 다방면에서 비롯된 사연이 있었다.

　　앞장에서도 지적했듯이 19세기 유럽은 대체로 인류의 무한한 진보(progress), 이성(reason)의 힘 등을 신뢰하는 낙관론이 우세했다. 생활수준의 향상, 도시생활의 발전, 교육받은 인구의 꾸준한 증가 등이 일상의 실제가 되고 있어서 사회, 경제적으로 그럴만한 근거도 있었다.[9] 19세기말에 과학은 서구사회의 낙관론, 합리적 세계관의 주요 버팀목 가운데 하나였다. 뉴턴

(Isaac Newton, 1642~1727)의 과학혁명 이래, 유럽인들은 뉴튼 물리학을 기반으로 한, 접근가능한 논리적 우주(logical universe)에 대한 신념이 점점 더 확고하게 되었다. 유럽인은 '과학은 오류가 없고 인간에게 유용한 해결을 제공하는 진리다. 불변의 자연법칙이 사실을 규정한다. 원인이 있으면 결과가 있다.'고 생각했다. 또한 다윈의 진화론이 대부분의 지식사회에 받아들여졌고 진보에 대한 신념도 더욱 확산되었다. 과학의 법칙이 존재하듯이 사회에도 법칙이 존재한다는 믿음까지 생겼다. 즉 합리적인 인간은 사회법칙을 발견할 수 있고 그래서 이를 바탕으로 지혜롭게 행동할 수 있다는 것이다. 이와 같은 세계관의 확산은 기존의 전통 종교를 더 이상 믿지 않는 사람들에게도 다행스러웠다.

19세기 낙관론에 도전하는 새로운 물리학

새 물리학이 이러한 낙관론에 도전했다. 19세기말에 원자(atom)는 일렉트론(electron)이나 프로톤(proton)처럼 훨씬 더 작고 빠르게 움직이는 미립자라는 것이 밝혀졌다. 또한 라듐을 발견하고 보니(Marie Curie, 1867~1934) 그것은 놀랍게도 끊임없이 소립자를 방출하는 것이었다. 그래서 그것은 일정한 원자 무게를 갖고 있지 않았다. 이 사실을 기초로 하여 소립자의 에너지 방출방식은, 예전에 믿었듯이 꾸준한 흐름이 아니라, 불균등한 분출이라는 것도 확인되었다. 그것은 "quanta"라 명명되었다(Max Plank, 1858~1947). 이것은 물질과 에너지가 같은 것인데 형태만 다른 것일 가능성을 함축하는 발견이었다.

옛 물리학은 물질과 에너지를 뚜렷이 구분했다. 또한 원자는 성질을 구성하는 안정적 기본 덩어리(block)이자 더 이상 쪼갤 수 없는 것이라고 인식했다. 그리고 물질을 구성하는 화학원소는 92개로 알고 있었다. 그런데 그게 아니었다. 옛 물리학의 인식이 무참히 흔들리기 시작했다. 결국 물질과 에너지는 서로 교환가능하고, 미립자조차 엄청난 에너지를 지녔고, 모든 것이 상대적이며(Albert Einstein, 1879~1955), 원자가 쪼개질 수 있다는 것도 확인되었다.(Ernest Rutherford, 1871~1937) 이 외에도 중성자를 포함한 새로운 미립자가 7개 더 존재하며, 우주는 안정적으로 세워진 덩어리가 아니라 불확실하고 한정되어 있지 않다는 것 등등이 줄줄이 세상에 알려졌다. 이 새 물리학에 따르면, 개별 전자의 위치와 속도를 아는 것이 불가능하다. 그 반응을 예측할 수 없기 때문이다. 그래서 확정되어 있지 않고 어마어마하게 복잡한 우주에는 추세와 개연성(확률)만 있다.(Werner Heisenberg, 1901~1976) 즉 뉴턴의 옛 물리학이 원자크기 정도의 미시세계에서는 이제 더 이상 들어맞지 않았다.

이러한 양자역학 혁명으로 새로이 드러난 우주는 1920, 1930년대의 일반인에게 낯설고 혼란스러웠다. '불확실한 우주는 인간의 일상적 경험과 무관하다. 과학은 인간에게 낙관적 해답도, 어떤 해답도 제공하지 않는다.'(Max Planck) 새 우주에는 절대적으로 객관적인 실제(absolute objective reality)도 없다는 것이다. 불변의 진리라 여겨온 과학이 그렇게 선언하니, 세계를 예측이 가능한 톱니바퀴처럼 작동하는 것으로 알던 유럽인은 당황했다.

인간의 정신(이성)에 대한 회의

낙관론에 대한 유럽인의 회의는 정신적으로도 일기 시작했다. 이미 1880년대부터 소규모이긴 하지만 일부 사상가, 작가들이 낙관론에 등을 돌렸다. 이제 유럽의 지적 분위기는 자연과학적 방식으로 설명이 가능한 것, 논리적인 것, 문명적인 것 등을 경험적으로 아무리 탐구해봐야 인간의 심오한 본질을 파악하는 데 한계가 있음을 깨닫는 추세로 돌아섰다. 그리하여 비논리적인 것, 비문명적인 것, 설명이 불가능한 것 등을 재발견하려는 분위기로 흘러갔다. 이들의 낙관론에 대한 공격은 1차 대전의 파괴력을 경험한 후 반항을 불러일으키며 특히 1930년대에 더욱 예리해졌다.

새로운 사상의 출현

진보에 대한 신념, 합리적 인간정신에 대한 신뢰 등에 도전하는 방향상실, 비관론도 출현했다. 이러한 비관론에 따르면, '서유럽은 그동안 합리성을 지나치게 강조해왔다. 그만큼 열정, 동물적 본능은 억제되었다. 하지만 인간행동과 창의력의 진정한 원동력은 열정, 동물적 본능이 아닐까? 또한 신은 죽었다. 더 이상 신을 믿지 않는 기독교인이 신을 죽였기 때문이다. 이성, 민주주의, 진보 등 인습적 도덕과 덕목들은 낡아빠진 사회적, 심리학적 구조물일 뿐이다. 신이 죽었으니 이제 인간은 어느 방향으로 나아가야 하는가? 인간 존재의 허무함을 받아들이는 것만이 절망하는 인간의 유일한 희망이다. 그 무의미함을 인간해방의 근원으로 삼아야 한다. 그런데 이것은 평범한 일반인은 할 수 없고, 그런 사고에서 벗어날 수 있는 소수 우월한 개인(영웅)에게만 가능하다.' 이와 같은 생각이 고개를 들었다(Friedrich Nietzsche, 1844~1900). 2000년간 기독교 문명으로 자라온 유럽문명이 동요하고 있음이 니체에게 예리하게 감지된 것이다. 이러한 감지는 20세기 초부터 주목받기 시작했다. 니체의 허무주의에서, 그리고 1914년 이전 독일제국의 인습에 대한 니체의 격렬한 공격에서 1914년 이후의 급진적 세대들은 각기 나름대로 필요한 영감들을 얻어갔다.

이외에도 1914년 이전의 기성 사고에 대한 불만이 점점 더 표출되었다. '직접 경험과 직관이 합리적, 과학적 사고보다 중요하다. 인간을 이해하는 데는 종교적 체험, 신비적인 시 등이 과학적 법칙, 수학 공식보다 더 유용하다.'는 등의 주장들이 부상하면서(Henri Bergson, 1859~1941), 젊은 세대에 확산되었다. '마르크스 사회주의는 증명될 수 없는 종교일 뿐이다. 합리적 사고란 한계가 있으므로 이를 인정해야 한다. 노동대중이 총파업을 통해 권력을 잡아 자본주의 사회를 해체하게 될 것이다. 새로운 사회주의 대중은 소수의 혁명적 엘리트가 엄격히 통제해야 한다.'고 믿는 사상도 나왔다.(Georges Sorel, 1847~1922)

회의의 체계화

이성에 대한 기성세대의 확신에 반기를 든 이러한 철학적 사고는 1차 대전을 거치면서 크게 세 방향으로 체계화되었다.

논리 실증주의

영·미 쪽에서는 신의 존재, 행복 등, 전통철학의 관심사 대부분을 거절했다(logical positivism). 철학은 생각을 논리적으로 밝힌 것이니까 언어연구다. 언어는 생각을 표현하는 것이다. 신, 자유, 도덕 등, 철학의 기존 쟁점들은 문자적으로는 의미가 없다. 진술대상이 과학 실험으로 검증될 수도, 수학논리로 증명될 수도 없기 때문이다. 그런 진술은 그걸 말하는 개인의 개인적 선호를 반영한 것일 뿐이다.(Ludwig Wittgenstein, 1889~1951) 이런 식으로 철학적 연구의 범위가 확 줄자, 불안한 인간은 철학에서 얻을 수 있는 해답이 거의 없게 되고 그래서 더욱 불안했다.

무신론적 실존주의

체계화는 다른 방향으로도 이루어졌다. 유럽인은 실존주의(existentialism)에서 불안감에 대한 답을 구하고자 했다. 실존주의 사상가들은 대부분 무신론자였다. '이제 신이 죽었으니 새로운 가치를 찾자. 인간은 단순히 존재할 뿐이고 공포스러울 만큼 고독하다. 인간을 도울 신이 없기 때문이다. 그래서 인간은 절망과 삶의 무의미함으로 끊임없이 괴롭다.'고 생각했다.(Jean-Paul Sartre, 1905~1980) 실존주의의 이와 같은 사고는 신, 이성, 진보에 대한 신념상실로 인한 정신적 위기의 표현이었다.

하지만 실존주의자들은 가치를 상실한 인간의 삶에 의미가 부여될 가능성을 찾았다. '인간은 자신의 행동에 피할 수 없는 책임이 있다는 것을 확실히 인식할 수 있다. 그러므로 행동선택을 통해 삶의 부조리를 극복할 수 있다.'는 것이었다.(Sartre) 이러한 실존주의는 1920년대 독일에서 최초로 부각되었고 전쟁의 환멸에 빠진 대학생에게 호소력을 가졌다(Martin Heidegger, 1889~1976 / Karl Jaspers, 1883~1969). 나치독재가 야만성을 드러내자 실존주의는 개인이 행동으로 자신을 규정해야 하는 문제 즉, 히틀러 독재에 저항하는 쪽에 가담할 것인가, 그 독재 편에 서서 수용할 것인가, 하는 문제로 치달았다. 프랑스에서 실존주의가 등장한 것은 2차 대전 도중과 그 직후였으며 레지스탕스 행동에 강력한 해답을 제공했다.

유신론적 실존주의

그래도 신은 인정해야겠다는 체계화도 있었다. 인간의 이성, 지속적 진보에 대한 믿음 상실은 기독교적 세계관을 새로이 조명하려는 관심으로 이어졌다. 기독교는 계몽주의 시대

이래로 유럽의 지적 사회에서 계속 수세에 몰렸다. 기독교 교리를 19세기의 과학, 진화론 등의 상식과 모순되지 않도록 개선하려는 노력은 1차 대전 이전에도 일부 신학자들이 한 적이 있다. 이들은 예수를 일차적으로 가장 위대한 도덕 교사로 받아들이고, 예수에 대한 초자연적 신성함은 크게 축소시켰다.

이 움직임이 전쟁참사를 겪은 후에는 기독교 실존주의로 부상했다. 이들은 무신론적 실존주의가 말하는, 인간의 고독과 절망에 공감했다. 그러면서도 인간의 원죄적 본성, 신앙의 필요성, 신의 용서에 담긴 미스터리 등을 강조했다. 형식에 구애되는 종교는 거절했다. 이 유신론적 실존주의자들은 멀리 있는 위대한 신에게 철저히 종교적으로 헌신함으로써 인간의 불완전한 본성을 억누르는 개인적 고통을 해결하고자 했다. (Søren Kierkegaard, 1813~1855, 업적을 재발견·재해석함)

또한, '인간은 불완전하고 죄를 짓는다, 이성에 결함이 있기 때문이다, 흠이 있는 이성으로 신의 섭리를 규명하려 해서는 안 된다.'고 결론짓기도 했다.(Karl Barth, 1886~1968) 전후 파괴된 세계에 대한 해답을 가톨릭 교회에서 찾으려는 가톨릭 실존주의 노력도 있었다. 이들은 반유대주의를 비판하고 비가톨릭인과의 교류를 지지하기도 했다.(Gavriel Marcel, 1887~1973)

19세기적 세계관이 무너지고, 테러와 불확실성이 커져가는 시대에 이러한 유신론적 실존주의에서 어떤 해답을 찾으려는 개인들의 움직임도 서구사회에서 1920~1950년에 늘었다.

새로운 심리학

새로운 심리학 연구도 1차 대전 이후 주목받으면서 인간본
성에 대한 기존의 낙관론을 급격히 손상시켰다. 예전에는 단
일하고 통합된 의식이 이성적, 논리적 방식으로 감각경험을
진행시킨다고 가정해왔다. 이에 따라 인간은 의식에 따라 합
리적으로 사고하여 행동한다고 믿었다. 하지만 1880년대 말에
프로이트(Sigmund Freud, 1856~1939)는 기존의 과학적 심리학자
들과 아주 다른 관점에서 인간의 정신을 분석했다. 그리하여,
'인간의 정신에는 의식을 지배하는 이성만 있는 것이 아니다.
정신의 90% 이상을 차지하는 잠재의식도 있다. 인간의 행동
은 본능적 충동, 합리적 사고, 도덕적 가치 간의 허약한 타협
의 산물일 뿐'이라는 결론에 이르렀다. 프로이트는 합리적 사
고와 전통적 도덕가치의 메카니즘이 너무 강력하다는 니체의
주장에 동의했다.

20세기 초 문학

비관론, 상대론, 소외론 등의 지적 분위기는 문학에서도 표
현되었다. 20세기 소설가들은 이 새로운 현실을 표현할 새 기
법을 개발했다. 19세기의 소설가들은 전지적 작가 시점에서
사실적 인물을 묘사했다. 그리고 그 인물과 이해가능한 사회
간의 관계를 묘사했다. 이에 비해, 20세기의 작가들은 단일 개

인의 제한적이며 혼돈된 관점을 채용했다. 그리고 인간의 감정, 기억, 욕망이 뒤범벅된 비이성적 측면에 초점을 맞췄다. 관심도 사회에서 개인에게로, 리얼리즘에서 심리적 상대성으로 돌렸다. 의식의 흐름 기법을 이용하여 인간의 심리를 탐구하고, 기억의 가장 깊숙한 내면을 발견하고자 했다.(Marcel Proust, 1871~1922) 그리하여 마치 정신과 의사의 진찰대 위에 누운 환자가 하듯, 서로 다른 시기의 생각과 감정을 무작위로 쏟아낸, 내면의 독백으로 구성된 소설들이 등장했다.(Virginia Woolf, 1882~1941 / William Faulkner, 1897~1962 / James Joyce, 1882~1941)

속수무책의 개인이 불가사의한 어떤 힘으로 분쇄되는 광경이 묘사되었다.(Franz Kafka, 1883~1924) 대공황 시대가 끝나갈 무렵이긴 하나, 나약한 개인에게서 인간존엄성의 마지막 한 조각을 빼앗기 위해 새로운 언어, 정교한 기술, 심리적 테러를 이용하는 전체주의와 독재자를 설정한 소설도 나왔다.(George Orwell, 1903~1950) 소설은 아니지만, '문명이란 성장, 쇠퇴를 겪는다. 유럽문명은 이제 노쇠하여 죽음에 임박했다. 황인종에게 정복당하리라'고 예견한 『서구의 몰락(Der Undergang des Abendlandes)』(1918~1922)이란 책도 국제적인 주목을 끌었다(Oswald Spengler, 1880~1936).

한편 서방세계 저편에서 러시아 혁명이 실현되자, 인간의 생명, 감정, 신비를 동경하는 추세는 '전선세대(Front Generation)'의 절망을 희망과 용기로 바꿔놓기도 했다. 『데미안』(1919)이 그랬다(Herman Hesse, 1877~1962). '신은 알에서 깨어나려고 버둥

거렸다. 신의 이름은 아프락사스'10)라는 이 소설의 문구는 당시 유럽 청년들을 열광시켰다. 전쟁 후 심리적, 지적 상태, 혹은 그 시대의 신경을 기분 나쁠 정도로 정확하고 예리하게 건드린 표현을 담은 『데미안』은 구세계의 붕괴와 새로운 세계의 도래를 구체화한 소설이었다.11) '그 깊은 곳에 인류의 새로운 질서일지도 모를 무엇인가 형성되고 있는 것이 있다'니! 좌파 지식인에게 이 '인류의 새로운 질서'란 '혁명'이었다.

시인들도 '불안, 어둠, 파괴, 의심, 불확실성, 까닭없는 불안 등의 어휘로 유럽인의 정신적 위기감, 불확실성을 표현하면서 유럽의 미래를 어두운 예감으로 바라보았다.(Paul Valery 1871~1945) 요컨대 문학 역시 19세기 서유럽의 진보 이념을 완강히 부인하고 있었다.

시대적 위기의 예술적 표현, 혹은 새로운 실험: 모더니즘

이러한 다양한 지적 조류가 유럽의 예술에 흡수되었다. 그리고 세계가 산산조각나기 전에 이미 세계의 붕괴를 표현하기 시작했다. 20세기 초 유럽 예술가들은 옛 형식과 가치를 철저히 거부했다. 과거와 단절하고자 했다. 혹은 그 단절을 표현하고자 했다. 이를 모더니즘(혹은 아방가르드, 전위예술)이라고 하며 대략 1914년까지는 자리가 잡힌다. 입체파, 표현주의, 미래파, 순수추상화, 장식에서 탈피한 기능주의 건축, 음조를 포기한 음악, 전통과 단절한 문학 등이 이에 속한다. 모더니즘은

1920, 1930년대에 다다이즘(dadaism), 초현실주의(surréalism)로 변해가면서, 때로는 낯설고, 혼란스럽고, 추하고, 음울함을 내보이면서도 끊임없이 새로운 종류의 표현을 추구하며 서구문명의 찬란한 예술시대를 열었다.

후기인상파: 현대미술의 시작

1890년대 무렵 현대미술의 시작이라 할, 후기인상파, 혹은 표현주의가 등장하였다. 1905년 이후에는 추상 쪽으로 발전하면서 2차 대전 이후 최고조에 이르렀다.

후기인상파의 출발은 눈으로 보는 실제와는 다른 세계, 보이지 않는 감정, 인간의 복잡한 심리, 이미지 등을 알고 싶어, 이를 묘사하고 그린다는 것이었다. 이들은 마음의 눈으로 움직이는 광경을 표현하거나(Vincent van Gogh, 1853~1890), 표현주의 기법을 선도하면서 오염되지 않은 원시적 삶을 묘사하거나(Paul Gauguin, 1848~1903), 특히 빛이 아니라 형태에 매료되었다(Paul Cezanne, 1839~1906). '전통적인 3차원(깊이, 공간, 입체감) 표현법으로 나타낸 공간만이 반드시 진실이 아니다. 그런 표현법은 그만 쓰자. 2차원 평면, 형태, 구도, 디자인에 몰두하자. 즉, 사실주의 기법인 광선, 명암, 원근, 질감, 채색법 등은 무시하자. 리얼리즘 문학적 암시의 간섭에서 벗어나 순수 시각의 자율성 획득을 실험하자.'는 것이 세잔이 그리는 그림의 출발이자 표현방식이었다.

　이러한 발상과 그 표현기법은 20세기 그림에 심대한 영향을 미쳤다. 1905년 전시에서 야수같다는 혹평을 얻어 야수파로 분류되기도 하는 마티스(Henri Matisse, 1869~1954)의 표현주의 기법은, 사물을 그리기는 하지만 그림의 최종 목표는 색채, 선, 형태의 배열에 둔다는 것이었다. 세잔의 영향을 많이 받은 피카소(Pablo Picasso, 1881~1973)는 1907년에 퀴비슴(cubism)을 창설하여 선, 각 등 기하학적 복합에 집중하다가 3년 후에는 추상예술로 나아갔다. 이제 20세기의 그림은 '물체를 표시하는 것이 아니라, 형태와 색채를 조합하여 분위기를 표현한 것으로서 바라보아야 하는 것'으로 되었다(Wassily Kandinsky, 1866~1944).

　1차 대전 전야에 표현주의, 추상화는 파리만이 아니라 독일, 러시아에서도 빠르게 발전했다. 이러한 전쟁 이전의 예술운동이 1920년대 1930년대에는 다다이즘, 초현실주의로 발전하면서 현대 예술은 국제적 현상이 되었다.

다다이즘

　다다이즘은 1차 대전 발발과 함께 출현한, 전통적인 권위를 철저히 부정하는 예술운동이다. 제2인터내셔널(국제노동자협회)의 정당들까지 제국주의 전쟁에 야합한 유럽의 현실과 전쟁부조리에 환멸을 느낀 예술가들은, 그래서 중립국 스위스의 취리히에 몰려와 새 운동을 일으켰다.(1916) 이들은 모든 예술을 거부했다. 인습적인 19세기 부르주아적 취향의 예술가들을 기절시킬 수 있는 것이라면 무엇이든 수용했다. 예를 들어, 관객을 조롱했다. 피아노를 연주하지 않고 부수기도 했다. 모나리자 그림을 콧수염을 뽐내는 모습으로 바꿔 그려놓기도 했다. 하지만 이들이 새로운 예술적 대안을 내놓은 것은 아니었다. 이 운동은 종전과 더불어 가라앉았으나 그에 내포된 반항정신은 초현실주의에 계승되었다.

초현실주의

초현실주의는 다다이즘에 이은 전위예술운동이다. 이들은 복합적인 상징, 꿈 등의 환상적 세계, 사막에서 녹아내리는 시계 등으로, 일상적 실제를 눈에 보이는 대로 묘사하기를 거절함으로써 시대적 불안감을 강력히 표현했다.(Joan Miro, 1893~1983 / Salvador Dali, 1904~1989) 다다이즘의 반역정신과 프로이트 정신분석학의 영향을 받아, 기성관념에 오염되지 않았을 순수한 꿈과 잠재의식의 형상화를 시도했다.(Marc Chagall[12], 1887~1985) 이들의 예술적 저항정신은 사회주의이념과 혈통이 가까웠다. 많은 초현실주의 예술가들이 파시즘의 먹구름이 짙어가던 1930년대에 사회주의 운동에 투신한 것도 그런 연유다. 또한 서방세계의 대공황으로 인해서, 소련의 내막을 잘 몰랐을 이들에게, 이데올로기적으로 뿐만이 아니라 직업상의 현실적 이유에서도 소련이 매력적으로 보인 것과도 관련이 있다. 초현실주의라는 말은 아폴리네르(Guillaume Apollinaire, 1880~1918)의

희곡에서 유래하였다.13) 전위예술 가운데 유독 초현실주의는 카메라 예술(영화, 포토저널리즘)을 발전시켰다.(Man Ray, 1890~1976)

전위예술적인 현대 발레, 음악, 재즈, 영화

현대 음악 역시 이성이나 절제가 아닌 정서, 감정을 강도높게 표현하고자 한 점에서 현대 미술과 함께 모더니즘 예술의 쌍벽을 이루었다. 스트라빈스키(Igor Stravinsky, 1882~1971)의 <봄의 제전(the Rite of Spring)>이 세르게이 디아길레프(Sergei Diaghilev, 1872~1929)의 안무로 파리에서 초연되었다.(1913) 이 공연이 타악기, 불협화음, 무대 위에서 벌어지는 노골적인 성행위 안무 등 원초적 분위기를 내뿜었을 때, 그것은 발레가 속물적 호소력, 유행, 엘리트 예술적 요소를 결합시킨 전위예술 매체로 변형되는 순간이었다.

1차 대전의 비이성적 폭력에 대한 경험은 오페라, 발레 등의 형태로 표현주의의 일면을 표출하기도 했다. 1925년에 베를린에서 초연된 베르그(Alban Berg, 1885~1935)의 오페라 <보첵(Wozzeck)>이 대표적 예다. 카프카 문학에서 풍기는 것과 비슷한 내면 테러, 의심, 불신 등에 시달리는 군인이 정부를 살해한다는 내용을 다룬 오페라였다.

추상화가들이 선, 색을 배열해도 물체와 똑같게 그리지 않듯이, 현대 음악의 작곡가들도 기존 화음에 등을 돌리고, 불협화음, 12음계기법을 사용하면서 추상적, 수학적 패턴을 따랐다.(Arnold Shönberg, 1874~1951) 그런 음악은 고도의 화성훈련을 받지 않은 일반인이 듣기에는 거북했으며 2차 대전 이후에야 수용되기 시작했다. 나중에는 피아노 앞에 4분 33초간 연주하지 않고 앉아있다 내려가는 작품마저 나왔다. 농산물 값 폭락 시기에, 경작하지 않으면 정부 보조금을 받는다는 농장주를 표현한 것이었을까? 그럼 예술가도 작품 활동을 하지 않으면 정부지원을 받을 수 있는가?

재즈는 미국 흑인음악에 당김음의 댄스음악과 비인습적 기악편성법이 결합된 것이다. 이 역시 과거와의 단절, 기계시대 등을 상징하는 요소라 여겨져 전위예술로 인정받았다.

영화(즉, 무성영화)는 1차 대전 중에 전위예술로 편입되어 1920년대 모더니즘 예술운동에서 중요한 위치를 차지했다. 바이마르시대 독일과 소련에서는 전위 예술가들이 직접 영화를 제작했다. 1920년대 초는 특히 독일 영화의 황금기였다. 바이마르 공화국 시기에 다양한 예술적 에너지가 새로운 영화 제작 쪽으로 모아졌던 것이다. 이 시기에 기묘한 표현주의의 우수한 드라마들이 많이 제작되었으나 단명했다(*Das Kabinet des Dr. Caligari*, 1919). 1917년 혁명 이후 새로운 소련에서도 철저히 과거와 단절한 영화들이 제작되었다. 전쟁 전 러시아 영화의 양식은 러시아 혁명을 피해 서방으로 탈출한 망명자들이 이어갔다.

1926년 무렵부터 미국의 자금이 독일과 중부유럽출신 감독들을 할리우드에 끌어들이기 시작하면서 할리우드에서도 전위예술 영화가 제작되기 시작했다.(Fritz C.A. Lang, 1890~1976 /

Ernst Lubici, 1892~1947 / Billy Wilder. 1906~2002) 1930년대 중엽에 프랑스에서 대중적 영화가 만들어지기 시작했다.(Rene Clair, 1898 ~1981 / Jean Renoir, 1894~1979 / Marcel Carné, 1906~1996 / Georges Auric 1899~1983)

모더니즘 건축

예술에서의 모더니즘은 건축에서 일어난 혁신과 느슨하게 나마 통합되었다. 건축에서 모더니즘은 새로운 기능주의 원리 (functionalism), 즉 그것이 만들어지는 본래의 용도에 충실하여, 건축도 산업제품처럼 유용하고 기능적이어야 한다는 원리를 내세웠다. '아무런 쓸모도 없이 그저 고풍스럽기만 할 뿐인 복잡한 주름 장식 같은 것에서 과감하게 탈피하자. 실용적, 효율적 공간과 깔끔한 선을 즐긴다는 원리로 건물을 짓자.'는 것이다. 그래서 모더니즘 건축가, 디자이너들은 엔지니어, 도시계획, 위생전문가와 함께 작업하면서 도시의 틀을 변형시켜갔다. 1890년대 미국 시카고에서 아무런 기능이 없는 외관장식을 없애고 값싼 강철, 강화된 콘크리트, 전기 엘리베이터 등을 이용한 초고층 건축이 시작되었다.(Louis H. Sullivan, 1856~1924)

독일에서도 과거와의 단절을 내세우기라도 하듯, 유리와 강철을 많이 써서 파격적으로 탈바꿈하는 건축이 시작되었다. (Walter Gropius. 1883~1969) 1차 대전 후 독일 바우하우스(Bauhaus)는 순수예술과 응용예술을 통합시켜 현대 건축, 디자인 등을 앞서 이끌었다. 이에 따라 회화, 조각 같은 순수예술이 가구, 직조, 판화, 공예 등과 결합되었다. 1920년대에는 일상생활에 필요한 기능주의, 좋은 디자인 등이 강조되면서, 차체, 항공기 좌석, 광고그래픽, 독일의 하이퍼인플레이션 시기의 마르크화 도안 등을 탄생시켰다. 바우하우스는 바이마르에서 설립되고 나중에 중부 독일의 데사우로 옮긴 미술 및 디자인 학교다. 그 존속이 바이마르 공화국과 정확히 일치한다. 히틀러가 권력을 장악한 직후에는 해산되었다. 그로피우스를 계승 발전시켜, 강철프레임과 유리벽으로 짓는 현대 건축의 대가가 된 로에(Ludwig Mies van der Rohe, 1886~1969), 리오넬 파이닝어(Lyonel Feininger, 1871~1956), 파울 클레(Paul Klee, 1879~1940), 바실리 칸딘스키 등등이 바우하우스를 무대로 활동한 대표적 모더니즘 예술가들이다.

모더니즘은 엘리트 예술

전위예술(혹은 모더니즘, 아방가르드)은 19세기 유럽의 지적 조류에 대한 반발의 산물이니만큼 기본적으로 유럽문화에 국한된 개념이다. 유럽의 전위예술은 나라마다 달랐다. 즉 통일되어 있지 않았다. 파리의 헤게모니가 지속되긴 했으나, 베를린-모스크바와 경쟁했다. 합스부르크 제국이나 오스만튀르크 제국이 붕괴하면서 탄생한 나라들의 문학은 고립된 길을 걸었다.(Reiner Maria Rilke, 1875~1926 / Franz Kafka)

1930년대에 전위예술은 일반적으로 반(反)파시즘 경향을 지
녔기 때문에 좌파적으로 정치화되는 경향이 있었다. 베를린-
모스크바 추축은 이러한 정치적 공감대에 기반을 둔 것이었
다.(Bertolt Brecht(1898~1956)와 Kurt Weill(1900~1950)의 <서푼 오페라
(Die drei groschen Oper)>) 하지만 새로이 등장한 좌파 정부, 우파
정부 모두 모더니즘 예술가들을 거부했다. 이 예술이 주로 체
제의 종말을 표현했고 그래서 저항성이 담긴 것으로 간주되었
기 때문이다. 중·동부 유럽에서 전위예술은 더욱더 혁명적 토
양에 뿌리를 둔 예술이자 체제의 종말을 표현한 예술이었다.
그런 시 한편을 음미해보자.

가을날(Der Herbsttag)

라이너 마리아 릴케

신이여, 때가 되었습니다.
지난여름은 참으로 위대했습니다.
당신의 그림자를 해시계 위에 드리우고
들판에는 바람을 풀어놓으소서.

아직 익지 못한 과일은 마저 익으라 명하소서;
이틀만 더 따스한 날을 주시어
따가운 햇볕에서 그 열매가 어서 탐스러워지게 하시고

그 단맛이 남김없이 그윽한 포도주로 스미게 하소서.

이제 집이 없는 사람은 더 이상 집을 짓지 않습니다.
이제 혼자인 사람은
밤늦도록 뜬눈으로 지새며
읽다가, 긴 편지를 쓰다가, 할 것입니다.
그리고 낙엽들이 뒹굴 때면
가로수 사이를 이리저리 불안스레 헤메일 것입니다.

히틀러나 스탈린 체제 같은 권위주의 국가가 부상한 후, 전위예술은 제거되어야 할 운명에 처했다.[14] 모더니즘 예술은 서구인의 일상생활에 부분적으로 흡수되기도 하고 때로는 정치화되기도 했으나 전반적으로는 일반 대중의 취미와 관심에서 동떨어져 있었다. 2차 대전 이후까지도 그것은 엘리트 예술로 머물렀다. 또한 고전예술, 최신유행을 대체했다기보다는 보충했다. 이를테면 앞에서 언급했듯이 1차 대전의 비이성적 폭력 경험을 표현한 오페라(<Wozzeck>)가 1925년에 베를린에서 초연되긴 했지만, 1860년대의 오페라들도 여전히 상연되었다.

비유럽 세계의 모더니즘?

한편, 서유럽 19세기 문화적 전통을 거부하고 이와의 단절을 표방한다는 모더니즘이 비(非)서방세계 예술가들의 당면과제가 될 수는 없었다. 유럽 문화 이외 지역의 예술가가 자신들이 겪지 않은 문화와 단절하려는 노력을 할 수는 없는 노릇이다. 이들이 서구모델을 받아들이든, 거부하든, 더 이상 자기네 전통에 틀어박히고 싶지 않음을 표출하고자 한다면, 그것은 모더니즘이 아니라 근대화를 주장하는 근대성(modernity)의 문제가 되었다. 즉, 이들의 당면과제는 서유럽 19세기의 문화가 아닌, 자기네 과거를 포기한다는 것이었다. 그런 예술가들은 민중의 당대 현실을 발견하고, 그 베일을 벗겨 현실을 표현하는 쪽으로 나아갔다. '민중 속으로'가 그들의 예술적 슬로건이었다. 즉, 그것은 모더니즘이 아니라 리얼리즘이었다. 이들은 자기네 나라 민중의 고통을 사실주의적 언어로 묘사하거나 화폭에 담았다. 또한 대체로 사회주의적이거나 공산주의적 프롤레타리아에 전념하는 경향이 있었다.(魯迅, 1881~1936) 비유럽 세계 예술의 이러한 욕구는 서유럽 20세기의 보통 사람들을 위한 예술과 공감대를 형성하는 면이 있었다.

대중문화는 대중문화대로 성장

20세기에 일반 대중은 영화와 라디오에 관심이 있었다. 전통예술, 19세기적 흥행·오락들이 촌락·소도시에서 사라져 가고 그 자리를 표준화된 상업적 엔터테인먼트가 채워갔다. 그것은 주로 과학기술적, 산업적인 것(신문, 카메라, 영화, 음반, 라디오)이었다. 미국에서 신문발행부수는 1920~1950년에 두 배로 늘었고 대중소설에 대한 신문의 영향력은 무시할 수 없게 되었다.

보통사람을 눈에 띄도록 만든 장르가 르포르타주, 사진예술이었다. 특히 르포르타주는 러시아의 혁명적 전위예술의 영향으로 1920년대에 사회비판적 문학 및 시각표현물의 공인된 장르로 등장하였다. 그리고 주로 영화를 매개로 전위예술가들을 통해 확산되었다. 다큐멘터리 영화, 사진잡지의 황금시대가 도래했다. 다큐멘터리란 말은 원래 1차 대전 후 다양한 종류의 논픽션 영화를 가리키는 말이었다. 통상적으로 정치적, 사회적 가치와 연관되어 사회적 병리를 들춰내고 치료책을 제안하는 데 활용된 다큐멘터리는 실험을 자극했다. 그리하여 새로운 의미를 구축하는 사운드, 이미지 등이 몽타주식으로 발전하기 위한 토양을 제공했다. 이 새 시각매체를 통해 전위예술, 대중예술이 서로를 풍요하게 만든 면도 있었다. 하지만 대중문화는 그냥 대중문화대로 있었다.[15]

대중영화

영화산업의 첫 30년은 팽창과 성장의 역사였다. 영화는 오랜 기간에 걸쳐 서방 산업국들에서 동시다발적으로 진행된 기술진보가 누적되어 이루어진 산물이기 때문에 대폭발(the big bang)로 시작되지 않았다. 여하튼 20세기에 영화는 처음부터 국제적 대중매체로 등장했고 대공황 시절에는 대중에게 더욱 호소력을 가졌다. 영국에서 1930년대 말에 성인 4명 중의 1명은 일주일에 두 번, 5명 중에 2명은 일주일에 적어도 한 번은 영화를 보았다고 한다. 유럽 대륙도 그와 비슷했다. 영화관은 매우 빠른 속도로 대중문화와 고급문화를 위한 장소로 편입되었다. 예를 들어 미국에서 입장료가 5센트에서 2달러까지 다양한 영화관들이 등장했다.16) 영화는 2차 대전 후까지도 대중의 주요 오락으로 성장했다.

활동사진이 파리의 싸구려 극장에서 천박한 외설 형태로 등장했다.(1890년대) 로스엔젤레스에 최초로 영화관이 들어서 많은 관중을 흡수했으며(1902), <대열차 강도(Great Train Robbery)>라는 8분짜리 무성영화가 제작되었다.(1903) 미국의 영화감독과 업자들은 뉴욕에 최초로 영화제작사를 설립했고 이후 로스엔젤레스에도 생겼다.(1910) 할리우드의 영화스튜디오는 매주 두 편의 짧은 영화를 생산했다. 1차 대전 이전에는 유럽영화가 국제시장을 주도했으나 전쟁 여파로 유럽이 움츠러들면서 미국 영화가 시장을 석권하게 되었다. 영화산업의 중심지는 파리, 뉴욕에서 할리우드로 옮아갔다. 1차 대전 전야에 화질이 많이 개선된 장편영화(full-length-feature)가 제작되었다(<Quo Vadis?>17) <Birth of a Nation>18)). 1차 대전 동안 미국에서 무성영화 산업이 급성장했다. 유력한 스튜디오 대부분이 할리우드에 자리 잡은 1917년쯤이면 할리우드는 단순히 미국 영화제작의 중심지가 아니라 세계 영화 제작의 중심지가 되었다. 인기 있는 영화배우(Mary Pickford, Lillian Gish, Douglas Fairbanks, Rudolf Valentino)의 팬

클럽도 등장했다. 1920년대에 영국출신 채플린(Charlie Chaplin, 1889~1978)은 잔인하고 미친 세계를 희화화한 영화들을 연출하면서 할리우드 은막의 제왕으로 등극했다. 대중적 오락과 예술성이 영화로 결합될 수 있다는 가능성을 보여준 채플린은 누가 뭐래도 단연 영화계의 천재였다.

라디오와 선전영화

라디오가 마르코니(Guglielmo Marconi, 1874~1937)의 대륙 간 무선통신 발명(1901), 말과 음악을 전달하는 진공관의 발전(1904)과 함께 등장했다. 1920년에는 영국과 미국에서 최초로 공공 라디오방송이 시작되었다. 런던에서 영어, 이탈리아어, 프랑스어로 부르는 노래가 라디오를 통해 유럽 전역에 동시에 들리는 역사적 사건이 일어난 것이다.(1920.6.16.) 이후 나라마다 국립 방송망을 설치했다. 미국은 광고로 운영하는 민영방송을, 영국은 청취료로 운영되는 독립적인 공영방송 BBC 제도를 도입했다. 그밖에 유럽의 다른 나라들에서 라디오는 정부가 운영하는 것이 당연시되었다.

1930년대 말 무렵 4가구 가운데 3가구가 대량생산된 값싼 라디오를 보유했다. 나라마다 방송관련 제도야 어떻든 간에 라디오는 자유민주체제 나라에서도, 독재체제에서도 정치선전과 광고에 매우 유용한 도구로 떠올랐다. 특히 독제체제에서 라디오와 함께 영화도 유용한 선전매체로 주목받았다. 예를 들어 레닌은 영화가 나라를 이데올로기적으로 변형시키는 데 유용한 매체라 생각하여 영화제작을 지원했다. 이에 따라 에이젠슈타인(Sergei Eisenstein, 1898~1948)은 러시아 역사를 공산주의 시각으로 극화한 역작을 만들었다. 히틀러도 정치선전용 영화를 지원하여, 뉘른베르크 나치당 대회를 다룬 <의지의 승리(Triumph des Willens)>(1934) 같은 다큐멘터리 영화가 만들어지기도 했다.(감독: Leni Riefenstahl, 1902~2003)

또한 라디오는 사람들의 생활을 개인화하는 동시에 전날 밤 라디오에서 들은 것을 서로 애기하는 공적인 영역도 창출했다. 프로그램 편성에 따라 일상생활을 재조직하고 일과 여가의 영역을 지배하게 되었다. 글을 모르고 두문불출하는 빈민여성의 생활에까지 처음으로 바깥세상이 침투하게 했다.

라디오의 영향을 크게 받은 것이 또한 음악이었다. 라디오는 재즈, 아르헨티나의 탱고, 브라질의 삼바를 그 지역을 벗어나 멀리까지 나르는가 하면, 미국 흑인블루스의 언어가 로큰롤로써 청년문화의 세계어가 되게 하기도 했다. 그러나 아직 어떤 지역, 민족적 모델도 세계적으로 정착되지는 않았다.

스포츠 가운데 유독 축구는 1930년에 월드컵대회가 창설됨으로써 진정 세계화되었다. 하지만 일반적으로 스포츠가 세계화되기는 했으나 아직 산업자본주의 경제에는 흡수되지 않은 채 머둘러 있었다. 즉, 그 시대에 스포츠의 대스타들은 프로가 아니라 아마추어였다.

대공황 시대의 유산

　　대공황은 주변 여건을 제대로 파악하지 못한 정책책임자들
이 구태의연한 사고에 집착하여 생긴 불행이었다. 대공황이란
것이 자본주의에 내재해 있어 체제가 불황에 직면할 때마다
국가가 전쟁특수를 노려 주기적으로 전쟁을 일으켜가며 경기
를 회복한다는 주장들은 우스꽝스럽기 그지없다. 그런 논법대
로라면 총력전인 1차 대전 이후 대호황이 왔어야 한다. 그런
데 대공황이 왔다. 2차 대전은 1차 대전보다 훨씬 더 큰 충돌
이었다. 하지만 2차 대전 후에는 1차 대전 때처럼 복수심에
불타 작성된 조약 강행이 아니라, 국제협조를 위한 브레턴우
즈 체제, 마셜플랜 등이 시행되었다. 그리고 세계경제는 전례
없는 장기호황을 누렸다. 일반적으로 전쟁의 파괴력이란 불황

의 파괴력을 능가하는 법이다. 불황을 능가하는 수준의 파괴력을 겪으면 그 정부도 살아남을 수가 없다. 어떻게 경기회복을 위해 '누군가의 음모에 따라' 의도적으로 전쟁을 치른단 말인가!

세계 대공황은 자본주의 세계에 내재하는 필연적 인자가 아니다. 물론 1차 대전 이후의 구조적 문제가 컸지만 그것은 인간이 만들어낸, 피할 수도 있었던 재난이었다. 실제로 선진 공업국들의 1913~1929년간 생산성(1인당 산업생산) 증가율이 1890~1913년과 비슷하고 노동시간당 산업생산은 오히려 높았다는 사실이 이를 반증한다. 노동생산성이 상승했다는 것은 이 기간에도 계속 자본이 축적되었다는 증거임과 동시에, 새로운 지식이 생산기술에 반영되고 새로운 인적자본 형성이 중단되지 않았음을 보이는 증거다. 큰 곤경 속에서도 생명이 계속 유지되듯이, 근대적 산업경제는 대공황의 혼돈 속에서도 계속 신산업 즉 전기, 화학, 자동차 산업에 새로운 생산물과 생산기술을 도입하고 경영기법을 개선했다. 과학자와 기술자를 교육하고 문자해득률을 높였다. 대공황기의 높은 실업률은 명백한 인재(人災)였다.

2차 대전 이후 세계는 여러 모로 대공황 시대 이전의 모습과는 다르다. 모습이 달라진 데는 세계 대전, 냉전, 도시화, 기업규모의 거대화, 기술진보, 베이비붐 세대가 이룩한 신문화 등 여러 요인이 작용했을 것이다. 다만 대전 이후 세계의 달라진 모습에서 확인되는, 정부 역할에 대한 민간 인식의 변화,

이와 함께 정부 부문의 양적, 질적 확대 등이 대공황의 유산인 것만큼은 분명하다. 주요 나라들의 정부지출이 국민총생산에서 차지하는 비중은 대공황을 기점으로 대거 확대되었다. 특히 미국이 그랬다. 미국은 1920년대까지 정부부문이 다른 나라에 비해 상대적으로 작았다. 그래서 이를 급속히 키울 여지가 있었다.

권력이 중앙정부로 집중되는 정도도 높아졌다. 각국에서 지방정부의 역할이 줄고 중앙정부가 담당하는 사업이 늘었다. 공황회복을 위한 정책수행, 실업자와 빈민구호 같은 사회안전망 구축 등을 중앙정부에서 주도해야 했기 때문이다. 이것은 예를 들어 미국의 예산구성에서 대공황을 기점으로 연방정부와 지방정부의 지출비중이 교차하는 것에서도 뚜렷하다. 연방정부가 국민경제 안정에 책임져야 한다는 법규(National Employment Act, 1946)도 정부 역할에 대한 민간 기대의 확대가 반영된 것이라 할 수 있다.

정부 규제도 늘어서 19세기를 풍미했던 자유민주주의가 반세기 넘게 유보, 혹은 몰락했다. 전쟁 등을 겪으면서 애국심, 국민의식도 고취되었다. 경제문제는 개인만의 문제가 아니라 국가차원의 문제며 해결책도 국가 수준에서 마련되어야 한다는 인식도 커졌다. 당시 지식층이나 작가의 저술에서도 이러한 경향이 확인된다.

서구 산업경제의 위기는 1930년대 말고도 수차례 더 있었다.(미국의 예를 들면, 1873~1879, 1893~1894, 1907~1908, 1919~1921)

1차 대전과 1920년대를 거치며 경제구조의 불안정성이 커진 가운데서 시작된 대공황은 자본주의 사회에 주기적으로 발생하는 불황 가운데 유난히도 골이 깊었다. 그래서 보통 때라면 생각하기 어려운 온갖 극단의 실험이 정치와 문화의 범주에서도 아주 왕성하게 시도, 혹은 자행되었다. 돌이켜 생각하면 그 실험들은 이후의 시기를 준비하는 것이기도 했다.

2008년 경제 위기를 1930년대 세계 대공황과 비교하려는 시각이 많다. 1930년대 대공황 때는, 앞에서 지적했듯, 전후조정문제, 국경변경, 전시부채 및 배상금, 시장경직성, 농산물 과잉생산, 금본위제의 취약성 등, 구조적 문제의 배경이 2008년보다 훨씬 더 컸다. 요즘의 구조적 문제들로는, 동구권의 시장경제로의 전환갈등, EU 확장, 소득 불평등, 글로벌 불균형을 꼽을 수 있다. 특히 글로벌 불균형은 이미 2008년 위기 이전부터 세계경제의 구조적 취약성을 노정시키고 있다. 미국의 쌍둥이 적자와 저금리 정책은 미국내 과소비 습관, 주택가격 거품을 야기하는 한편, 규제완화를 틈탄 파생상품의 과잉금융을 불러와 이들이 경기불안과 어우러져 한꺼번에 붕괴하면서 세계적인 은행위기를 불러왔다.

그리고 1930년대 공황은 세계화(시장통합)가 후퇴(backlash)할 때 발발했으나, 2007~2008년 금융위기는 세계화가 고조될 때 일어났다. 위기전달 메커니즘을 보면, 1930년대는 각 나라가 금본위제라는 족쇄에 묶인 채 공황이 확산된 반면, 2007~2008년에는 변동환율제하에서 신속한 자본이동 때문에 금융위기가 채무국에서 채권국으로 빠르게 전달되었다. 또한 실물경기 침체가 상품무역시장을 통해서도 직접 국제적으로 이전되었다.

위기의 강도 면에서, 즉 2008년 위기의 산업생산지수 하락폭이나 실업률은 1930년대 대공황 때만큼 심각하지는 않다. 또한 정책 대응에서도 거의 모든 나라가 긴축 일변도에 국제협력도 없었던 1930년대에 비해 2008년 위기에 직면해서는 각국이 즉각적으로 팽창적 재정금융정책을 채택하고 국제협력도 모색하고 있다.

2008년 미국발 금융위기는 실물불황에 노정되어 세계적으로 파급되고 있다. 구동구권과 발트 3국은 구조적 취약성 때문에 외환위기에 노출되어 있다. 이 때문에 유로화가 불안정해져 달러를 대신하는 대안적 국제화폐로서의 역할을 하기 어렵게 되었다. 달러가치가 서서히 떨어지면서 글로벌 불균형이 시정되는 것이 필요한데, 현재 그렇지 못한 것을 보면 속으로 더 곪고 있는 게 아닌가 우려된다. 달러화 경착륙의 위험이 가중되고 있는 것이다. 따라서 글로벌 불균형을 시정하는 일이야말로 가장 중요한 문제로 부각된다.

주

1) 금본위제의 특성은: 1. 개인과 국가 간의 자유로운 금이동, 2. 금으로 표시된 각국 통화가치를 일정하게 유지 즉, 각국 환율의 고정화, 3. 국제적인 조정기구의 부재이다. 이 세 가지는 다음을 의미한다: 4. 국제수지 흑자를 기록한 나라와 적자를 기록한 나라 사이에는 비대칭성이 존재한다. 금 또는 외환보유고가 고갈되었을 때(고정된 통화가치를 유지할 수 없을 경우)에는 대가를 치르지만, 금을 축적한 흑자국은 인플레이션 말고는 치러야 할 대가가 없었다. 5. 국제수지 적자국을 위한 조정메커니즘은 평가절하가 아니라 디플레이션이었다. 즉, 환율의 변동 대신 국내가격의 변화였다.(Peter Temin, *Lessons from the Great Depression*, MIT Press, 1989 pp.8~9.)

2) 세계화는 경제학적으로 재화, 용역, 생산요소의 시장이 국제적으로 통합되는 과정을 말하며 19세기 후반을 1차 세계화, 20세기 후반을 2차 세계화라고 한다. 두 차례 세계대전과 대공황 시대는 세계화의 후퇴(backlash) 기간이었다.(양동휴, 『세계화의 역사적 조망』, 서울대출판부, 2007, 2쪽.)

3) 4장 참조.

4) 배상금 부담은 후버 대통령의 지불유예조치(1931.6.)와 로잔느 회의의 탕감 결의(1932.6.)에 따라 소멸될 것이었다.

5) '극단의 시대'란 말은 홉스봄(Eric Hobsbawm)이 이 시기의 역사를 다룬 책(*The Age of Extremes*, 1994)의 이름이기도 하다. 대공황 시대를 다루면서 미국이 누락되어 있다는 결함이 있고 난삽한 설명들로 가득 찬 책이기는 하나 제목은 잘 지어졌다.

6) 비유럽 지역에서도 입헌적이고 비권위주의적이었던 국가들의 목록은 짧다. 캐나다, 미국, 코스타리카, 우루과이, 오스트레일리아, 뉴질랜드 등.

7) M. Tullius Cicero, *De Domo Sua, XIII*, 33(Ausg. Loeb, S.172~173), F.A.v. Hayek, *Die Verfassung der Freiheit*, J.C.B. Mohr(Paul Siebeck) Tübingen, 3 Auflage, 1991, S.206 주34a에서 재인용. 영어판에는 주34a가 없다.

8) 서양 중세에서 통용된 공동체적 규제와 장원의 관습은 원칙적

으로 개인의 자발성이나, 창조성, 자유경쟁을 배제하는 것으로서 이러한 규제나 관습은 중세 서유럽의 낮은 농업생산기술과도 관련이 있었다. 이러한 상황에서 고대 그리스, 로마의 개인주의적 법들은 사장(死藏)될 수밖에 없었다.

9) 사실 19세기 서유럽에는 실업(unemployment)이란 말이 존재하지도 않았다. 이 말이 『신영어 사전(*New English Dictionary*)』에 처음 수록된 것이 1888년이었다.

10) "Der Vogel kämpft sich aus dem Ei. Das Ei ist die Welt. Wer geboren werden will, muß eine Welt zerstören. Der Vogel fliegt zu Gott, Der Gott heißt Abraxas."(신은 알에서 깨어나려고 버둥거렸다. 알은 세계다. 태어나려는 자는 한 세계를 파괴해야만 한다. 새는 신에게로 날아간다. 신의 이름은 아프락사스다.)

11) 종교인, 과학자, 예술가, 전선세대 등에게 이 두 세계가 의미하는 바는 각기 달랐을 것이다. 아프락사스 신에 관한 이 문구가 작품 한가운데 등장하는 것도 흥미롭다. 이것이 소설 전반부와 후반부, 서로 다른 두 세계를 구분 짓는 상징처럼 느껴진다.

12) 샤갈은 뉴턴의 만유인력이 지배하는 세계와는 다른, 무중력 상태의 세계를 표현하려 한 것인지?

13) 앙드레 브르통(André Breton, 1896~1966), 폴 엘뤼아르(Paul Eluard, 1895~1952), 루이 아라공(Louis Aragon, 1897~1982) 등이 초현실주의 문학의 대표작가로 꼽힌다.

14) 예를 들어 K. M. Brendauer가 주연한 영화 <Mephisto>를 보라.

15) 대공황 시대는 대중의 힘이 확인된 시기였다. 대중은 투표 방식으로 히틀러, 루스벨트를 선택했다. 이러한 대중의 정치적 노력은 금본위제로 돌아가려는 엘리트주의를 붕괴시켰다. 2장 극단의 정치적 실험 참조.

16) 미국에서 니켈로디언(5센트짜리 극장)의 수는 1907년에 약 2,500개에서 1910년에는 10,000개 정도였던 것으로 추정된다. 1909년 초 관객의 숫자는 주당 4,500만 명으로 추정된다. 미국에서 초창기 영화관객들은 이질적이었고 어느 한 계층이 주도하지 않았다. 1913년에 뉴욕에서 최초의 영화궁전(movie

palace)이 등장했다. 규모가 크고 시설이 잘된 이런 상영관은 니켈로디언과 크게 대조되었다. 최고 2,000명까지 수용가능한 실내, 이집트 사원을 모방한 건축, 대규모 오케스트라, 유니폼을 착용한 관리자 등을 갖춘 영화관 자체가 관객에게 스크린 못지않은 환상적 공간을 제공했다.

17) 1913년에 제작되었으며 시엔키에비치의 베스트셀러 소설을 각색한 이 영화는 상영시간이 2시간이 넘었으며 자격을 갖춘 극장에서만 독점적으로 상영되었다.

18) 남북전쟁과 재통합이라는 미국적 소재를 다룬 영화다. 이 영화 이후 장편영화가 예외가 아닌, 표준이 되었다. 미국 영화 최초로 영화 고유의 영화음악 악보를 가졌으며 호화 오케스트라가 연주했다. 입장료는 브로드웨이 연극의 입장료와 같이 2달러였다. 매우 인종 차별적 영화로 흑인들의 분노를 샀으며 영화라는 새로운 매체가 가질 수 있는 사회적 영향력에 대한 통찰의 필요성을 자극했다.

참고문헌 (Further Readings)

양동휴, 『20세기경제사』, 일조각, 2006.

______, 『세계화의 역사적 조망』, 서울대출판부, 2007.

Burrow, J., *The Crisis of Reason: European Thought, 1848~1914*, Yale University Press, 2002.

Feinstein, C., Peter Temin and G. Toniolo, *The World Economy between the World Wars*, Oxford University Press, 2008.(양동휴, 박복영, 김영완 옮김, 『대공황 전후 세계경제』, 동서문화사, 2008.)

Hayek, F.A.v., *The Constitution of Liberty*, University of Chicago Press, 1960.(F.A.v. Hayek, *Die Verfassung der Freiheit*, J.C.B. Mohr(Paul Siebeck) Tübingen, 3. Auflage, 1991; 김균 옮김, 『자유헌정론』, 자유기업센터, 1997.)

Hobsbawm, E., *Age of Extremes: the Short Twentieth Century, 1914~1991*, Penguin books, 1994.(이용우 옮김, 『극단의 시대』, 까치글방, 1997.)

Kindleberger, C., *The World in Depression 1929~1939*, University of California Press, 1973.(박명섭 옮김, 『대공황의 세계』, 부키, 1998.)

Nowell-Smith, Geoffrey(ed.), *The Oxford History of World Cinema*, Oxford University Press, 1996.(이순호 외 옮김, 『옥스퍼드 세계영화사』, 열린책들, 2005.)

Rothermund D., *The Global Impact of the Great Depression 1929~1939*, Routledge, 1996.(양동휴, 박복영, 김영완 옮김, 『대공황의 세계적 충격』, 예지, 2003.)

Smith, B., *Modernism's History: A Study in Twentieth-Century Thought and Ideas*, UNSW Press, 1998.

Temin, P., *Lessons from the Great Depression*, MIT Press, 1989.(이헌대 옮김, 『세계 대공황의 교훈』, 해남, 2001.)

Tipton, F. and R. Aldrich, *An Economic and Social History of Europe,*

1890–1939, Johns Hopkins University Press, 1987.

대공황시대

| 펴낸날 | 초판 1쇄 2009년 7월 1일 |
| | 초판 4쇄 2015년 12월 12일 |

지은이	양동휴
펴낸이	심만수
펴낸곳	(주)살림출판사
출판등록	1989년 11월 1일 제9-210호

주소	경기도 파주시 광인사길 30
전화	031-955-1350 팩스 031-624-1356
기획·편집	031-955-4671
홈페이지	http://www.sallimbooks.com
이메일	book@sallimbooks.com

ISBN   978-89-522-1197-2   04080

※ 값은 뒤표지에 있습니다.
※ 잘못 만들어진 책은 구입하신 서점에서 바꾸어 드립니다.

089 커피 이야기

eBook

김성윤(조선일보 기자)

커피는 일상을 영위하는 데 꼭 필요한 현대인의 생필품이 되어 버렸다. 중독성 있는 향, 마실수록 감미로운 쓴맛, 각성효과, 마음의 평화까지 제공하는 커피. 이 책에서 저자는 커피의 발견에 얽힌 이야기를 통해 그 기원을 설명한다. 커피의 문화사뿐만 아니라 커피에 대한 일반적인 정보 및 오해에 대해서도 쉽고 재미있게 소개한다.

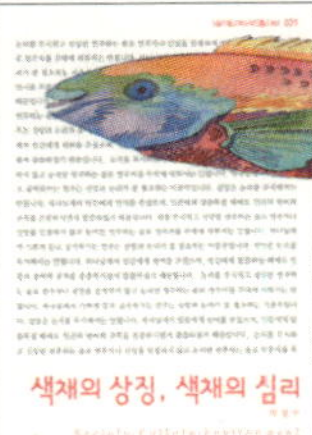

021 색채의 상징, 색채의 심리

박영수(테마역사문화연구원 원장)

색채의 상징을 과학적으로 설명한 책. 색채의 이면에 숨어 있는 과학적 원리를 깨우쳐 주고 색채가 인간의 심리에 어떤 작용을 하는지를 여러 가지 분야의 사례를 통해 설명한다. 저자는 색에는 나름대로의 독특한 상징이 숨어 있으며, 성격에 따라 선호하는 색채도 다르다고 말한다.

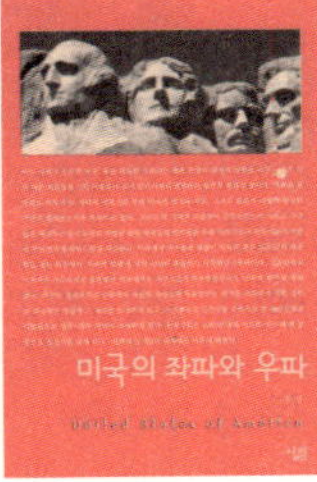

001 미국의 좌파와 우파

eBook

이주영(건국대 사학과 명예교수)

진보와 보수 세력의 변천사를 통해 미국의 정치와 사회 그리고 문화가 어떻게 형성되고 변해왔는지를 추적한 책. 건국 초기의 자유방임주의가 경제위기의 상황에서 진보-좌파 세력의 득세로 이어진 과정, 민주당과 공화당의 대립과 갈등, '제2의 미국혁명'으로 일컬어지는 극우파의 성장 배경 등이 자연스럽게 서술된다.

002 미국의 정체성 10가지 코드로 미국을 말하다

eBook

김형인(한국외대 연구교수)

개인주의, 자유의 예찬, 평등주의, 법치주의, 다문화주의, 청교도 정신, 개척 정신, 실용주의, 과학·기술에 대한 신뢰, 미래지향성과 직설적 표현 등 10가지 코드를 통해 미국인의 정체성과 신념을 추적한 책. 미국인의 가치관과 정신이 어떠한 과정을 통해서 형성되고 변천되어 왔는지를 보여 준다.

058 중국의 문화코드

강진석(한국외대 연구교수)

중국의 핵심적인 문화코드를 통해 중국인의 과거와 현재, 문명의 형성 배경과 다양한 문화 양상을 조명한 책. 이 책은 중국인의 대표적인 기질이 어떠한 역사적 맥락에서 형성되었는지 주목한다. 또한, 구체적이고 실제적인 여러 사물과 사례를 중심으로 중국인의 사유방식에 대해 설명해 주고 있다.

057 중국의 정체성　　eBook

강준영(한국외대 중국어과 교수)

중국, 중국인을 우리는 과연 어떻게 이해해야 하나? 우리 겨레의 역사와 직 · 간접적으로 끊임없이 영향을 주고받은 중국, 그러면서도 아직까지 그들의 속내를 자신 있게 말할 수 없는, 한편으로는 신비스럽고, 한편으로는 종잡을 수 없는 중국인에 대한 정체성을 명쾌하게 정리한 책.

015 오리엔탈리즘의 역사　　eBook

정진농(부산대 영문과 교수)

동양인에 대한 서양인의 오만한 사고와 의식에 준엄한 항의를 했던 에드워드 사이드의 오리엔탈리즘. 이 책은 에드워드 사이드의 이론 해설에 머무르지 않고 진정한 오리엔탈리즘의 출발점과 그 과정, 그리고 현재와 미래의 조망까지 아우른다. 또한 오리엔탈리즘이 사이드가 발굴해 낸 새로운 개념이 결코 아님을 역설한다.

186 일본의 정체성　　eBook

김필동(세명대 일어일문학과 교수)

일본인의 의식세계와 오늘의 일본을 만든 정신과 문화 등을 소개한 책. 일본인을 지배하는 이데올로기는 무엇이고 어떤 특징을 가지는지, 일본을 주목해야 하는 이유는 무엇인지 등이 서술된다. 일본인 행동양식의 특징과 토착적인 사상, 일본사회의 문화적 전통의 실체에 대한 분석을 통해 일본의 정체성을 체계적으로 살펴보고 있다.

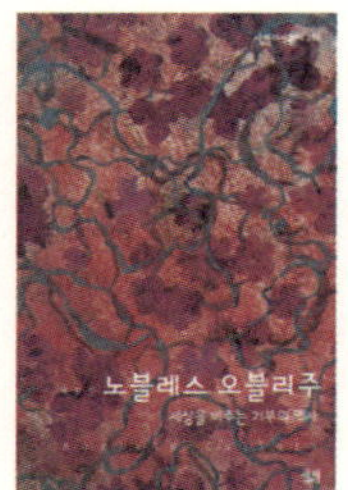

261 노블레스 오블리주 세상을 비추는 기부의 역사

예종석(한양대 경영학과 교수)

프랑스어로 '높은 사회적 신분에 상응하는 도덕적 의무'를 뜻하는 노블레스 오블리주. 고대 그리스부터 현대까지 이어지고 있는 노블레스 오블리주의 역사 및 미국과 우리나라의 기부 문화를 살펴보고, 새로운 시대정신으로 노블레스 오블리주를 부활시킬 수 있는 가능성을 모색해 본다.

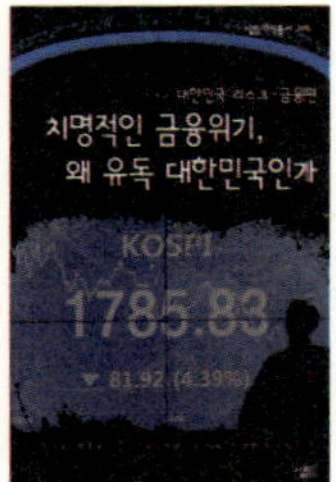

396 치명적인 금융위기, 왜 유독 대한민국인가　eBook

오형규(한국경제신문 논설위원)

이 책은 전 세계적인 금융 리스크의 증가 현상을 살펴보는 동시에 유달리 위기에 취약한 대한민국 경제의 문제를 진단한다. 금융안정망 구축 방안과 같은 실용적인 경제정책에서부터 개개인이 기억해야 할 대비법까지 제시해 주는 이 책을 통해 현대사회의 뉴노멀이 되어 버린 금융위기에서 살아남는 방법을 확인해 보자.

400 불안사회 대한민국, 복지가 해답인가　eBook

신광영 (중앙대 사회학과 교수)

대한민국 사회의 미래를 위해서 복지는 선택이 아니라 필수라고 말하는 책. 이를 위해 경제 위기, 사회해체, 저출산 고령화, 공동체 붕괴 등 불안사회 대한민국이 안고 있는 수많은 리스크를 진단한다. 저자는 사회적 위험에 대응하기 위한 복지 제도야말로 국민 모두의 삶의 질을 높일 수 있는 길이라는 것을 역설한다.

380 기후변화 이야기　eBook

이유진(녹색연합 기후에너지 정책위원)

이 책은 기후변화라는 위기의 시대를 살면서 우리가 알아야 할 기본지식을 소개한다. 저자는 기후변화와 관련된 핵심 쟁점들을 모두 정리하는 동시에 우리가 행동해야 할 실천적인 대안을 제시한다. 이를 통해 독자들은 기후변화 시대를 사는 우리가 무엇을 해야 할 것인지에 대하여 생각해 볼 수 있을 것이다.

eBook 표시가 되어있는 도서는 전자책으로 구매가 가능합니다.

001 미국의 좌파와 우파 | 이주영
002 미국의 정체성 | 김형인 eBook
003 마이너리티 역사 | 손영호
004 두 얼굴을 가진 하나님 | 김형인
005 MD | 정욱식 eBook
006 반미 | 김진웅
007 영화로 보는 미국 | 김성곤 eBook
008 미국 뒤집어보기 | 장석정
009 미국 문화지도 | 장석정
010 미국 메모랜덤 | 최성일
015 오리엔탈리즘의 역사 | 정진농 eBook
021 색채의 상징, 색채의 심리 | 박영수
028 조폭의 계보 | 방성수
037 마피아의 계보 | 안혁
039 유대인 | 정성호 eBook
048 르 몽드 | 최연구 eBook
057 중국의 정체성 | 강준영 eBook
058 중국의 문화코드 | 강진석
060 화교 | 정성호 eBook
061 중국인의 금기 | 장범성
077 21세기 한국의 문화혁명 | 이정덕 eBook
078 사건으로 보는 한국의 정치변동 | 양길현 eBook
079 미국을 만든 사상들 | 정경희 eBook
080 한반도 시나리오 | 정욱식 eBook
081 미국인의 발견 | 우수근
083 법으로 보는 미국 | 채동배
084 미국 여성사 | 이창신 eBook
089 커피 이야기 | 김성윤 eBook
090 축구의 문화사 | 이은호
098 프랑스 문화와 상상력 | 박기현 eBook
119 올림픽의 숨은 이야기 | 장원재
136 학계의 금기를 찾아서 | 강성민 eBook
137 미·중·일 새로운 패권전략 | 우수근
142 크리스마스 | 이영제
160 지중해학 | 박상진
161 동북아시아 비핵지대 | 이삼성 외
186 일본의 정체성 | 김필동 eBook
190 한국과 일본 | 하우봉 eBook
217 문화콘텐츠란 무엇인가 | 최연구 eBook
222 자살 | 이진홍 eBook
223 성, 억압과 진보의 역사 | 윤가현 eBook
224 아파트의 문화사 | 박철수 eBook
227 한국 축구 발전사 | 김성원 eBook
228 월드컵의 위대한 전설들 | 서준형
229 월드컵의 강국들 | 심재희

231 일본의 이중권력, 쇼군과 천황 | 다카시로 고이치
235 20대의 정체성 | 정성호 eBook
236 중년의 사회학 | 정성호 eBook
237 인권 | 차병직 eBook
238 헌법재판 이야기 | 오호택 eBook
248 탈식민주의에 대한 성찰 | 박종성 eBook
261 노블레스 오블리주 | 예종석
262 미국인의 탄생 | 김진웅
279 한국인의 관계심리학 | 권수영
282 사르트르와 보부아르의 계약결혼 | 변광배
284 동유럽의 민족 분쟁 | 김철민
288 한미 FTA 후 직업의 미래 | 김준성 eBook
299 이케다 하야토 | 권혁기 eBook
300 박정희 | 김성진 eBook
301 리콴유 | 김성진 eBook
302 덩샤오핑 | 박형기 eBook
303 마거릿 대처 | 박동운 eBook
304 로널드 레이건 | 김형곤 eBook
305 셰이크 모하메드 | 최진영
306 유엔사무총장 | 김정태 eBook
312 글로벌 리더 | 백형찬
320 대통령의 탄생 | 조지형
321 대통령의 퇴임 이후 | 김형곤
322 미국의 대통령 선거 | 윤용희
323 프랑스 대통령 이야기 | 최연구
328 베이징 | 조창완
329 상하이 | 김윤희
330 홍콩 | 유영하
331 중화경제의 리더들 | 박형기
332 중국의 엘리트 | 주장환
333 중국의 소수민족 | 정재남
334 중국을 이해하는 9가지 관점 | 우수근
344 보수와 진보의 정신분석 | 김용신
345 저작권 | 김기태
357 미국의 총기 문화 | 손영호
358 표트르 대제 | 박지배
359 조지 워싱턴 | 김형곤
360 나폴레옹 | 서정복
361 비스마르크 | 김장수
362 모택동 | 김승일
363 러시아의 정체성 | 기연수
364 너는 시방 위험한 로봇이다 | 오은
365 발레리나를 꿈꾼 로봇 | 김선혁
366 로봇 선생님 가라사대 | 안동근
367 로봇 디자인의 숨겨진 규칙 | 구신애

368 로봇을 향한 열정, 일본 애니메이션 | 안병욱
378 데킬라 이야기 | 최명호 eBook
380 기후변화 이야기 | 이유진 eBook
385 이슬람 율법 | 공일주 eBook
390 법원 이야기 | 오호택
391 명예훼손이란 무엇인가 | 안상운
392 사법권의 독립 | 조지형
393 피해자학 강의 | 장규원 eBook
394 정보공개란 무엇인가 | 안상운 eBook
396 치명적인 금융위기,
    왜 유독 대한민국인가 | 오형규 eBook
397 지방자치단체 돈이 새고 있다 | 최인욱
398 스마트 위험사회가 온다 | 민경식 eBook
399 한반도 대재난, 대책은 있는가 | 이정직 eBook
400 불안사회 대한민국,
    복지가 해답인가 | 신광영 eBook
401 21세기 대한민국 대외전략:
    낭만적 평화란 없다 | 김기수 eBook
402 보이지 않는 위협, 종북주의 | 류현수 eBook
403 우리 헌법 이야기 | 오호택 eBook
405 문화생활과 문화주택 | 김용범 eBook
406 미래 주거의 대안 | 김세용·이재준 eBook
407 개방과 폐쇄의 딜레마,
    북한의 이중적 경제 | 남성욱·정유석 eBook
408 연극과 영화를 통해 본 북한사회 | 민병욱 eBook
409 먹기 위한 개방, 살기 위한 핵외교
    | 김계동 eBook
410 북한 정권 붕괴 가능성과 대비 | 전경주 eBook
411 북한을 움직이는 힘, 군부의 패권경쟁
    | 이영훈 eBook
412 인민의 천국에서 벌어지는 인권유린
    | 허만호 eBook
428 역사로 본 중국음식 | 신계숙 eBook
429 일본요리의 역사 | 박병학 eBook
430 한국의 음식문화 | 도현신 eBook
431 프랑스 음식문화 | 민혜련 eBook
438 개헌 이야기 | 오호택
443 국제 난민 이야기 | 김철민
447 브랜드를 알면 자동차가 보인다 | 김흥식 eBook
473 NLL을 말하다 | 이상철 eBook

㈜살림출판사
www.sallimbooks.com
주소 경기도 파주시 문발동 522-1 | 전화 031-955-1350 | 팩스 031-955-1355